瓶上綠楊三際夏　巖前翠竹十方春

白衣觀音無說說　南巡童子無聞聞

대붕大鵬은 홰를 치고 장닭은 만리萬里를 난다

玄道 황우현 지음

도서
출판 산다

공학박사가
체험으로 쓴
불교 수행
길잡이

일월산 조각달

-玄道-

산길 끊어진 곳 일주문에는 門이 없고

작은암자 추녀 끝 풍경소리 相이 없다

본래 눈귀코혀와 몸과 뜻조차 없거늘

도대체 무엇이 娑婆에 걸렸다는 건가

일월산 새벽달 뜨니 一柱風磬도 없다

2019. 2.28. 봉화 성주암 입춘 철야정진 후 본 새벽달

서 문

이 세상에 태어나서 가장 중요한 일이 무엇일까요? 훌륭한 부모에게서 태어나 좋은 학교를 졸업한 뒤에 사회에 나가 돈 많이 벌어 부자가 되고, 관직에 나아가서는 고관이 되어 명예를 드높이며 가족들을 남보다 잘 먹이고 입히는 것이 주라고 생각할 것입니다. 대부분이 그렇게 생각하고 당연한 일입니다. 한편으로 이러한 것들은 한꺼번에 이루기도 어렵지만 이루었다 해도 시간이 가면 손안의 연기처럼 사라지는 신기루 같은 것들입니다. 잡히지 않는 허상을 키우려 매달렸으니 결과도 허망하지 않겠습니까?

그러면 우리에게 무엇이 제일 급하고 중요한 걸까요? 불보살님과 조사스님들께서 경책하신 것처럼 생사문제를 여의는 것입니다. 생사문제란 나고 죽는 것입니다. 우리는 왜 태어났는지, 왜 죽어야 하는지를 알지 못합니다. 시작과 끝을 모르는데 중간에 살아가는 법은 알고 있을까요? 참으로 쉽지 않습니다. 그렇기에 과거, 현재, 미래가 자신 속에 있는데도 그것을 알지 못한 채 하루하루를 살아가다 또 죽기를 반복하고 있습니다.

일찍이 이러한 이치를 알아 차리고 벗어나려 했지만 방법을 모르기에 쉬운 일이 아니었습니다. 경전에 이르기를 "부처님 법 만나기가 백천만겁을 지나도 어렵고 설사 만났다고 해도 가르침을 깨달아 부처되기는 더더욱 어렵다"고 했습니다. 깨달음은 단계별로 공부해 가는 절차가 있고 그것을 통해서야만 궁극에 이를 수 있습니다.

이 길잡이는 10여 년간 전력인불자연합회 활동을 함께 하던 법우들과 일반인, 직장인들의 수행에 도움을 주기 위해 만들었습니다. 아직 인연이 닿지 않아 출가는 못했더라도 개인적으로 불교의 정수를 이해하고 스스로 수행할 수 있도록 정리했습니다. 고승대덕의 법문과 여러 자료들을 참조하여 이 책을 엮는 근간으로 활용했습니다.

수행법을 쓰기까지는 오랜 시간이 걸렸습니다. 처음 불법(佛法)과 인연은 1983년 소위임관 후 육군통신학교에서 군사훈련을 받으면서부터입니다. OBC(초급장교교육) 4개월 동안 공주 마곡사 대룡스님께서 매주 오시어 기초교리를 전해 주었습니다. 손바닥만 한 불자수첩에는 천수경, 반야심경, 금강경 등이 빼곡히 들어 있어 주말에 외박을 나와 서울로 가는 고속버스 안에서 읽고 또 읽었습니다. '不生不滅 (불생불멸), 不垢不淨(불구부정)'이 화두로 잡혔습니다. 어느 날 귀대하는 차안에서 신탄진 들판의 먼 산을 보던 중 눈앞이 환해졌습니다. 졸업 1주일 전 육군항공학교에서 수계를 받았습니다. 이후 BBS 불교방송을 들으며 꾸준히 경전공부를 하였습니다. 사찰순례와 법회에 참석하여 큰스님 법문을 듣고 불교대학을 졸업하였으며 시민선방에서 참선공부도 하였습니다. 지난 10여 년간 5대 적멸보궁과 3대 관음기도처, 25개 교구본사와 크고 작은 사암을 찾아 철야 정진하였습니다. 이 길잡이는 당시 체험한 내용을 바탕으로 작성하였습니다.

특히 부처님 가르침에 일점착오가 없도록 참조한 자료는 부처님 경전, 고성 문수암 정천, 영천 은해사 일타, 서울 화계사 숭산,

수경, 묘봉, 수암, 인천 용화사 송담, 오대산 월정사 원행, 충주 석종사 혜국, 공주 오등선원 대원, 조계사 범종, 순천 송광사 진화, 봉화 성주암 인묵 스님 등 큰스님 법문, 삼국유사, 조계사 홈페이지 등입니다.

이 길잡이의 구성은 서문, 수행 권유문, 4가지 수행법 (절, 염불, 참선과 사경)과 부록(예불문)으로 이루어져 있습니다. 중간 중간에 부처님의 전생담과 인연이야기, 불교의 핵심 교리를 표와 그림으로 추가하여 초심자들도 지루하지 않게 부처님의 가르침을 이해하도록 하였습니다.

끝으로, 이 책을 접하는 일반인과 법우님들이 하루속히 불도를 이루시기를 발원합니다. 부처되는 공부가 어렵다고 하지만 금강경에 있는 "應無所住(응무소주) 以生起心(이생기심)"4구게를 혜능스님께서는 한번 듣고 견성했다고 합니다. 쉼 없이 정진하시다가 어느 순간 눈이 밝아지시면 아래 글의 답을 보내주시면 더 없는 광영이겠습니다.

> 인연 따라 사바세계에 머물며 지내다 보니
> 웃는 이도 나요, 화를 내는 이도 늘상 난데
> 이둘 중 어느 것이 너와 나의 참 모습인가?
> 대붕새는 홰를 치고 장닭은 만리를 난다네

2019년 입춘 불암산 토굴에서 현도합장

목 차

공학박사가 체험으로 쓴
불교 수행 길잡이

대붕大鵬은 훼를 치고
장닭은 만리萬里를 난다

제1장 불교 수행 권유문

- 왜 수행을 하려 하는가?

- 고통의 실상을 아는 법

- 어떻게 수행을 하는가?

왜 수행을 하려 하는가?

　잠시 생각해 봅니다. 대부분의 사람들이 가장 절박해 하고 현실적으로 해결해야 하는 문제가 몇 가지 있습니다. 그것이 무엇일까요?

　아마도 첫 번째는 승진이겠지요. 승진이란 현재보다 더 좋은 위치로 가는 모든 것을 말합니다. 대개의 직장인들이 가장 중요하게 생각하는 것은 높은 자리에 올라가는 것입니다. 그래서 다른 사람들의 우러러 봄을 받고 싶은 것이지요. 더구나 동료들이 하나 둘 승진해서 다른 부서로 나가고 때로 빠른 사람은 동기나 후배가 자신의 상사로 되돌아 올 거라는 상상을 해보면 하루속히 승진을 하지 않으면 병이 날 것 같아 오로지 승진에 매달립니다.

　그런데 아무리 생각해 봐도 '어디서부터 시작해야 승진할 수 있을까요?' 알 수가 없습니다. 이리저리 생각해 봐도 너무 막막합니다. 소위 남들 다 있는 '빽'도 없고 딱히 도와주겠다고 나서는 사람도 없는데다 교회나 절에도 나가지 않아 심리적으로 의지할 만한 곳도 없습니다. 이렇게 막막한 처지에 있는 사람의 하루하루가 얼마나 심적으로 힘들겠습니까?

　두 번째는 부부나 가족 간에 겪고 있는 어려움일 것입니다. 결혼해 살다보면 생각보다 힘든 과정이 많습니다. 서로 사랑하여 함께 살기로 했음에도 부부간 성격, 생각, 생활방식은 물론 시댁과 친정 식구 간에도 의견이 다르고, 자라나는 아이들과도 생각이 달라 삶이 힘들게 느껴지는 때가 많습니다. 이때의 화두는 '왜 나만 이렇게 힘든 결혼

생활이나 가족 관계일까?' 하는 의문입니다. TV 드라마나 동창회가서 보면 모두 행복해 보이는데 말입니다. 자신만 힘들다고 생각합니다. 이것은 사실 인과응보의 틀에 갇혀 있어서 누구나 벗어날 수 없는 과정입니다. 실상을 보면 무심히 지나가는 뜬구름 같은 것인데 그 과정에 얽매이다 보니 견디기 힘든 고통을 느끼고 있는 것이지요. 이러한 어려움은 수행을 통해 지혜가 생기면 벗어 날 수 있습니다.

세 번째는 가족들과 자신의 건강에 문제가 있거나 자녀들 대학입학, 취업 등 소망을 이루고자 하는 것입니다. 가족 중 누군가 아파서 고통 속에 지내고 있다면 부모는 하루도 마음이 편치 않을 것입니다. 좋은 대학에 들어가기를 바라는데 자녀들이 공부를 잘 못한다면 그것을 부모 탓으로 여기고 역시 힘들어 합니다. 다 장성한 자식들이 직장을 잡지 못하고 부모 눈치를 보며 더부살이를 한다면 그야말로 걱정이 클 수 밖에 없겠지요. 이러한 어려운 것들도 기도정진을 통해 실상을 알면 해결될 수 있습니다. 비슷한 일로 걱정하며 살아온 수많은 사례가 부처님 당시부터 이어져 내려오고 있습니다.

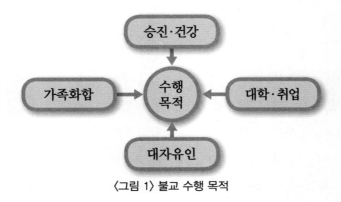

〈그림 1〉 불교 수행 목적

이러한 고통은 그저 현상에 불과하지만 과거 생의 쌓여진 인과가 참으로 지중하기에 고통과 복을 겪으며 지내야만 합니다. 그렇다면 우리에게 인과란 무엇일까요? 왜 우리네 삶은 그냥 원하는 대로 풀려가지 않고 즐거움보다 고통스러운 것이 더 많을까요? 어떻게 해야 이런 어려움에서 벗어날 수 있을까요? 끊임없는 의문이 머릿속을 매우 복잡하게 합니다.

본래 우리가 살고 있는 곳을 사바세계라 부릅니다. 즉 고통을 참고 견디며 살아가야 하는 세상이란 의미입니다. 그런데 막연히 힘든 것을 참고 지낸다고만 해서 고통을 극복할 수 있는 것이 아닙니다. 다시 말해 지금 느끼고 있는 심적, 육체적 고통이 진짜 고통이 아니라 허상의 실상이라는 것을 알아야만 고통이 고통이 아님을 알아 벗어날 수 있습니다.

고통의 실상을 아는 법

그러면 어떻게 해야 고통의 실상을 알 수 있을까요? 수행이 필요합니다. 어떤 수행이냐 하면 부처님의 가르침대로 살아가는 것입니다. 왜부처님의 가르침대로 수행해야 하느냐 하면 다른 방식으로는 허상이 실상이 아니라는 실체를 알 수가 없기 때문입니다. 우리 몸에 있는 육근을 통해 얻어지는 것을 '참'으로 알고 있기 때문에 자각하는 모든 것이실상으로 인식되어 집니다. 좋다, 나쁘다, 예쁘다, 밉다 등등 보여지고, 들려지고, 맛보고, 느껴지며, 생각이 일어나는 모든 것이 실체가 있다고 보지만 자세히 살펴보면 그것은 머무는 곳이 없는 곳에 자리를 차지하고 있습니다. 즉, 무상하여 항상 있는 것이 아니지 않습니까? 그러니역으로 자신에게 들어오거나 내재되어 있는 모든 것이 허상이라는 것을알고 대해야 합니다. 그 실상을 알아내는 방법을 수행이라고 합니다.

수행은 출가자와 재가자 입장에서 구분할 수 있습니다. 수 없는 전생부터 공덕을 많이 쌓았으면 출가자가 되어 훌륭한 스승을 만나 수승한공부를 하여 큰스님이 되었을 것입니다. 그래서 젊은 날에 생사문제를벗어나 천하 중생을 제도하니 당연히 대장부의 길입니다. 하지만 아직때가 이르지 못한 재가자라 하더라도 '방거사'나 '부설거사'처럼 출가하지 않고 부처님 가르침을 따라 진실 되게 수행한다면 출가자 못지 않은깨달음을 얻어 걸림 없는 생활을 할 수 있습니다. 물론 다음 생에는 출가자가 되어 역시 궁극에는 부처의 길로 들어 갈 수 있을 것입니다.

무엇을 어떻게 수행하는가?

그러면 재가자는 어떻게 수행해야 할까요? 부처님께서는 수행자는 身·口·意(신·구·의) 3업을 닦아야 한다고 하십니다. 몸과 입과 뜻으로 지은 인과를 없애야 한다는 의미입니다. 몸으로 지은 업이 무엇이 있을까요? 또 입으로 지은 죄는 어떤 것일까요? 생각으로 만들어 낸 업장은 무엇일까요?

조금 더 깊게 살펴보면 수많은 세월동안 계율을 어긴 업이 이 세 가지에 의해서 만들어 진 것입니다. 그러니 몸과 입과 뜻으로 행해져 쌓인 악업이 광명의 자성을 덮고 있기 때문에 이것을 벗겨 내야만 하는데 다른 사람은 해 줄 수가 없습니다. 부처님도 못합니다. 인과가 무겁고 두터워 깨뜨릴 수가 없습니다. 오로지 자신이 지은 바라 스스로 수행을 통해 본래의 자성을 알아 차리게 되면 대자유인이 되는것입니다. 대자유인이 되면 생사문제에 걸림이 없게 됩니다.

어떻게 해야 자성을 보게 될까요?

사찰에 24시간 머물며 계율을 지키고 수행하는 출가자나 일상생활을 하는 재가자가 공통적으로 할 수 있는 수행방법은 크게 4가지입니다. 바로 절과 염불, 참선 그리고 사경입니다.

첫번째는 절입니다.

절은 몸을 굴신하는 과정의 반복입니다. 통상 108배나 300배, 500배 그리고 1,000배와 3,000배, 1만 배씩 합니다. 왜 절하는 것이 중요한가? 몸으로 지은 업을 절하는 과정에서 참회하고 되돌아 볼 수 있습니다. 많은 절을 하다보면 몸이 무척 힘듭니다. 10번 만 해도 괜히 시작했다는 생각이 들고 50번 만 넘어가도 땀이 나고 숨도 찹니다.

횟수가 늘어나 많이 할수록 더더욱 힘들어지고 어서 빨리 끝나기만을 바라는 생각만 차지하고 있습니다. 그런데 이 순간이 가장 중요합니다. 온통 '절'하기가 정말 힘들다는 생각으로 가득 차 있을 때가 되면 망상이 자리 잡을 공간이 없어지겠지요. 무심히 절을 하게 됩니다. 바로 그때 조금이나마 생각이 끊어졌다고 말 할 수 있는 것입니다.
생각이 오로지 한 가지인 '절 끝나는 생각'에만 매달려 있어 다른 생각이 일어나질 않으니 번뇌 망상이 자리 잡을 곳이 없겠지요. 번뇌가 없으니 자유롭지 않겠습니까? 그래서 큰 스님들께서는 불자들에게 절 수행을 많이 권합니다. 또 절을 하다보면 운동효과도 있어 몸도 건강해 집니다. 절하는 공덕은 스스로에게 참으로 큽니다.

두 번째는 염불입니다.
염불이란 무엇인가? 지금 '이 순간 마음으로 부처님을 생각한다.'는 의미입니다. 그러면 어떤 부처님을 언제 어떻게 생각해야 하는 것일까요? 석가모니부처님과 아미타부처님, 약사여래부처님, 비로자나부처님과 같은 수많은 부처님이 있습니다. 또 부처님 외에도 보살님과 신장님 그리고 경전, 다라니와 진언 등도 있습니다. 이 대상 중 하나를 선택해 수지 독송하는 것이 염불입니다. 이 과정에서 지혜를 증득하고 업장소멸과 구업에서 벗어난 사례 역시 수 없이 전해져 오고 있습니다.

그러면 염불은 어떤 마음자세로 하여야 할까요? '삼매가 현전'하게 끔 간절히 하여야 합니다. 오로지 '자신이 소리 내어 부르고 듣는 스스로에게만 집중'하여 다른 망상이 들어 올 틈이 없도록 몰입하여야 합니다. 순서로 보면 부처님과 다라니, 진언 등을 머릿속으로 순간 떠올려내 생각하고 소리 내어 부르는 것입니다. 이때 다른 생각을 하면 다른 일이 일어나겠지요. 소리 내는 것을 그저 몸뚱이가 가는대로 맡겨두지 말고 스스로 정신을 바짝 차려 일념으로 부르고 듣다 보면 한순간 지혜의 눈이 밝아지며 염불삼매에 들어 있는 자신을 보게 될 것입니다. 이때가 되면 세상만물을 향해 자비심이 일고 뜨고 있는 눈이 다시 떠지게 되며 주변이 환하게 빛나는 광명이 일어 숙세업장이 소멸되고 소망하는 바가 저절로 이루어지게 됩니다. 업이 없어졌으니 생각대로 행이 나타납니다. 말 그대로 대자유인이 되는 것입니다. 지혜가 증득되면 장애를 만나도 걸림이 없으니 어려움이 없어지는 것입니다.

세 번째는 참선이 있습니다.

초조 달마스님 이후 출가자들은 주로 간화선을 통해 깨달음을 얻는 공부를 많이 해 왔습니다. 간화선이란 '화두의 실상을 보아 깨닫는 방식'입니다. 1,700공안의 화두를 하나라도 깨뜨리면 도를 이루었다고 합니다. 하나의 화두를 제대로 터득하면 나머지를 저절로 알게 되는 것이니 적확(的確)한 수행이 중요합니다. 참선방법에 대한 가르침은 책도 많이 나와 있지만 대개는 큰스님의 직접 지도를 받으며 선방에서 수십 년씩 화두타파 정진을 합니다.

　한 생각이 일어나는 것을 알아차리고 일어난 생각을 보아 그것이 번뇌이며 허상이고 본래 머무는 바가 없는 곳에 머물고 있음을 깨달았으면 공부가 거의 끝난 것입니다. 왜냐하면 허상임을 스스로 알아 차렸으니 그 허망한 것에 끌려 갈 일이 당연히 없고 허상에 얽매이지 않으니 그것은 이미 번뇌가 아니기 때문입니다.

　그러면 참선은 어떻게 하는가? '의단이 독로'하게 하여야 합니다. 형상이 없는 화두가 의심덩어리로 단단하고 크게 뭉쳐져 스스로 드러나면 본질을 알 수 있습니다. '경허스님의 참선곡'에 보면 화두집중의 방법을 잘 설명해 두었습니다. "고양이가 쥐 잡듯이, 늙은 과부가 외자식을 잃고 그리듯이, 목마른 사람 물 찾듯이, 주린 사람 밥 찾듯이 등등"이어집니다. 이 이치를 잘 새겨야 합니다. 당사자가 되어 그 간절함으로 대하면 궁극에는 일념에 도달할 것입니다. 한번 생각해 보시기 바랍니다. 쥐구멍에서 쥐가 나오길 기다리며 눈 한번 끔벅거리지 않고 오로지 쥐를 잡겠다는 일념 삼매에 든 고양이를 말입니다.

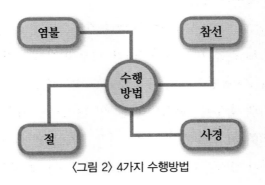

〈그림 2〉 4가지 수행방법

마지막은 사경입니다.

말 그대로 부처님 경전을 베껴 쓰는 것입니다. 팔만사천 부처님 법문을 한 자 한 자 옮겨 적으며 뜻을 새기다 보면 이치가 터득되고 경전을 해득하게 됩니다. 물론 한 자의 의미를 알아야 합니다. 2,500년 시공을 초월해 부처님의 가르침을 있는 그대로, 마음으로 알아 깨치게 되는 것입니다. 사경 중에는 일배일사를 하는 경우도 있고 혀에 바늘을 찔러서 나온 피로 한 글자 씩 쓰는 경우도 있습니다. 그냥 아무 생각 없이 베껴 쓰는것이 아니라 간절한 마음으로 경전의 의미를 생각하며 한 자 한 자씩 써 나가는 것입니다. 글자를 쓰면서 틀리면 안 되기 때문에 고도의 집중이 필요하고 한 획 한 획 정성을 다하여 쓰는 것이니 지혜가 당연히 밝아지지 않겠습니까? 이상 간결하게나마 수행법을 설명해 드렸습니다.

그리고 권유 드리는 바 일반인과 불자님들이 수행공덕으로 불보살님 가피를 입어 숙세업장이 깨끗이 소멸되고 몸과 마음의 고통에서 벗어나 이루고자 하는 소망을 모두 성취하시길 간절히 발원합니다.

바라건대, 소망이 이루어지고 난 뒤에는 수행에 방일하기 쉽지만 부디 거기에 그치지 말고 이 책의 내용을 참고하여 무루법으로 더욱 정진해 궁극에 이르는 큰 깨달음을 얻으시기 바랍니다.

나무 석가모니불
나무 석가모니불
나무 시아본사 석가모니불

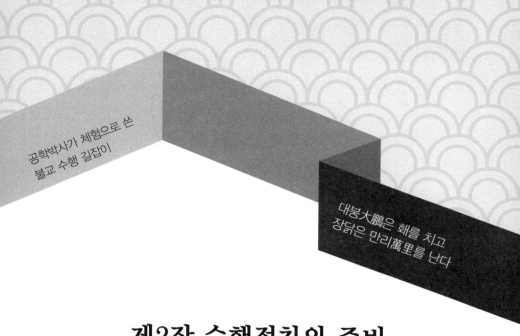

공학박사가 체험으로 쓴
불교 수행 길잡이

대붕大鵬은 회를 치고
장닭은 만리萬里를 난다

제2장 수행절차와 준비

제1절
왜 힘들게 사는가?

대부분의 사람들은 가정이나 회사 생활에서 즐겁고 행복하냐고 물어보면 어색한 미소를 짓습니다. 부정의 긍정적인 표현 방법입니다. 쉽게 말해 힘들다는 의미겠지요. 왜 세상살이가 이렇게 쉽지 않을까요? 그러면 남들은 모두 행복하게 살고 있을까요? 그들도 똑같이 하루하루 시간마다 고통 속에 살아간다고 봅니다. 왜 그럴까요?

사바세계의 8가지 고통

부처님께서는 4고 8고(4苦 8苦)의 이치로 설명하셨습니다. 먼저 앞의 네 가지는 생노병사(生老病死)입니다. 태어나서 늙고 병들어 죽습니다. 이 과정은 눈에 보이지 않는 바이러스같은 작은 생명체에서부터 코끼리와 같이 커다란 동물도 똑 같이 해당됩니다.

나머지 네 가지는 애별리고(愛別離苦), 원증회고(怨憎會苦), 구득불고(求得不苦) 마지막이 오온성고(五蘊盛苦)입니다. 먼저 애별리고는 사랑하는 사람과의 헤어지는 고통입니다. 사랑을 얻기 위해 가진 애를 썼는데도 더 이상 만나지 못하게 되거나 병으로 죽게 되면 다시 볼 수 없게 됩니다. 이때 겪는 고통은 이루 말할 수가 없고 심지어는 그 고통을 이기지 못해 자살하거나 상사병으로 죽기까지 합니다.

또한 원증회고는 미워하는 사람을 만나는 고통입니다. 어떻게든 안 보려고 해도 구조적으로 얽혀 있거나 직장 내에서 상하, 동료들과 의견이 엇갈려 적대적 입장이 되면 심적 고통을 견디기 힘듭니다. 부부 간에도 서로 사랑하는 마음이 옅어지고 미움과 원망으로 살아가야 하는 경우에 겪는 고통도 해당됩니다. 때로 목소리를 듣거나 보기만 해도 가슴이 뛰는 신경쇠약 증상이 나타나기도 합니다. 시간이 가서 축적되면 홧병이나 우울증으로 변하여 고통 속에 살아갑니다.

수많은 사람들이 가장 많이 겪는 고통 중 하나는 구득불고입니다. 얻고자 하는 것을 얻지 못하는 고통입니다. 직장내 승진이나 직위, 좋은 집, 연인, 돈, 옷이나 승용차 등등 주변 사람들과 쓸데없이 비교해서 부족하다고 느끼며 받는 고통은 참으로 클 수밖에 없습니다.

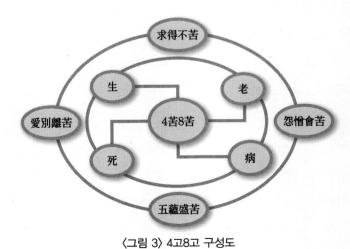

〈그림 3〉 4고8고 구성도

마지막은 오온성고로 자신의 내적 구성요소인 색수상행식(色受想行識)이 한꺼번에 활성화되면 견딜 수가 없게 됩니다. 주체할 수 없을 정도로 좋아하는 마음이나 억누를 수 없는 분노 같은 것이 해당됩니다. 그리움이 사무치듯 온몸을 감싸고 돌면 몸과 마음은 아무것도 할 수가 없고 오로지 그 한 가지가 해결되어야 고통에서 벗어날 수 있는 이치입니다. 성춘향이가 이도령을 만나야만 해결되는 것과 같은 것입니다. 누군가로부터 비난의 말이나 글을 받게 되면 역시 끓어오르는 분노와 좌절감에서 헤어나기가 어렵습니다. 이러한 고통이 한 가지만 있어도 견디기 어려운데 여덟가지가 수시로 돌아가며 몸과 마음을 피폐하게 하니 아무리 중생이라고 하지만 어찌 견딜 수 있을까요? 설사 한가지 씩 해결한다 해도 다른 것들이 서로 작용해 벗어날 수가 없습니다. 아주 오래전부터 얽혀 있는 다겁생래의 인과를 끊어야지만 벗어나는 것이 가능합니다.

인과는 어떻게 끊는가?

 그러면 인과는 어떻게 끊을 수 있을까요? 과거 수 없는 전생동안 신구의(身口意) 3업으로 인해 만들어진 인과의 고리를 해소하기까지 8고에 의한 고통을 받을 수밖에 없습니다. 그렇다면 어떻게 해야 이 고통에서 벗어나 대자유인이 될 수 있을까요? 우선 생사문제를 해결하여야 합니다. 태어나고 죽는 문제에서 벗어나야 한다는 뜻입니다. 태어나지 않았으면 현재 고통받고 있는 삶도 없고 마침내 다가오는 죽음도 없으니 당연히 고통도 없는 이치입니다.

 어떻게 해야 이것이 가능할까요? 답은 간단합니다. 자신의 본성을 알아차리면 됩니다. 바로 '견성'입니다. 모든 불보살님과 조사스님께서도 한결같이 말씀하셨습니다. 본 성품을 깨달아 알게 되면 생사고에서 벗어나게 됩니다. 본성은 본래 청정하여 6진에 머물지 않기에 끄달림이 없고 끄달림이 없으니 번뇌가 없으며 결국 생사의 굴레에서 자유롭게 됩니다. 청정한 본성은 안이비설신의(眼耳鼻舌身意)로 만들어지는 허상에 끄달림이 없어지게 되어 결국 그로인한 고통도 머물 곳이 없어지니 당연합니다.
 그러면 본성은 어떻게 알아차리게 될까요? 근본적으로 내가 무엇일까? 이렇게 살아 움직이도록 작용케 하는 원천이 무엇인가를 알게 되면 청정한 원천 자신이 삶의 주체가 되어 자유자재한 생활을 할 수 있습니다. 무엇이 나를 움직이게 하는가를 아는 것은 참으로 중요합니다. 그 주체를 알게되면 그에 의해 살게되고 그 작용의 결과가 걸림이 없으므로 고통 또한 없게 됩니다.

무엇을 어떤 절차로 수행 하여야 할까?

그렇다면 어떻게 수행해야 내가 무엇인지를 알 수 있을까요? 서문에서도 언급하였습니다만 여기에는 전통적으로 4가지 수행법이 있습니다. 절, 염불, 참선과 사경입니다. 절은 굴신을 통해 몸을 조복 받고 업장을 소멸해가는 과정입니다. 염불은 부처님과 보살님 명호, 다라니와 진언을 간절하게 독송하여 삼매에 들어 깨닫는 방법이며 참선은 화두참구를 통해 본질적인 자신을 찾는 법이고 사경은 경전을 옮겨 쓰면서 지혜의 눈이 열리게 됩니다. 즉 네 가지 수행법을 통해 신구의(身口意) 3업을 닦아 깨달음을 얻는 것입니다.

수행 실천은 어렵고 기간도 오래 걸립니다. 출가자나 재가자가 처음 부처님 법을 만나 알게 되면 환희심이 일고 의지가 충만하여 부처가 되고자 서원(誓願)을 세웁니다. 시간이 지나면 그렇게 굳게 세웠던 맹서(盟誓)는 어디로 갔는지 보이지도 않고 하루하루를 습관처럼 살아가게 됩니다. 왜 그럴까요? 중생이라서 그렇습니다. 좀 더 정확히 말하면 수 없는 과거 생에 걸쳐 오욕락(五欲樂)과 탐진치(貪瞋痴)에 익숙해 져서 수행을 하려고 하다가도 본래 결의를 잃어버리고 몸과 마음이 다른 곳으로 끌려갑니다. 그래서 경전에 초발심시변정각(初發心是變正覺)이라고 하였습니다. 수행을 하지 않아 깨달음을 얻지 못하면 끊임없는 생사윤회를 반복하며 살아야 하니 이것이 어찌 지혜로운 대장부의 갈 길이겠습니까?

오로지 두 눈 부릅뜨고 한 생각에 매달려 깨우치게 되면 대자유인이 될 수 있는 길이 있는데도 그 길을 놓아두고 어디로 가려하는지 그것부터 말씀해 보시기 바랍니다.

과거에 왜 태어 났는지를 모르니
미래에 왜 죽어야 하는지 모른다
태어나고 죽는 이치를 모르는데
현생 사는 방법은 알 수 있을까?
두 눈 뜨면 한마디 알려주세요!

수행을 제대로 하려면 먼저 발심을 하고 수행법과 대상을 명확히 알아야 합니다. 수행 할 것이 정해지면 장소와 시간을 택해 규칙적으로 실행해 나아가야 합니다. 참으로 간단합니다. 긴 설명이 필요 없습니다. 봄, 여름, 가을, 겨울을 가리지 말고 추위와 더위에도 끌려가지 말아야 합니다. 생사문제는 계절을 가리지 않고 몸을 옥조이고, 8고는 자신의 삶을 엄습하는데 한 눈 팔 겨를이 없습니다. 몸이 피곤하거나 졸음이 와도 굴복하지 말고 지속적으로 수행하여야 합니다. 오죽하면 참선곡에 '졸음을 이기려 송곳으로 찔러가며 수행한 이야기가 나오고 손과 발이 얼어 와도 불 생각을 하지 말라!'고 경책(警責)하였겠습니까?

석가모니 부처님 수행 인연과 수기

10만겁 전 옛날에 연등부처님이 계셨고, 설산(히말라야)에는 선혜(수메다)수행자가 열심히 정진하고 있었다. 연등부처님께서 희락성으로 오시어 법문한다는 소식을 듣고 선혜수행자는 생각했다.

"과거와 현재를 통틀어도 부처님을 만나기는 참으로 어렵다. 이렇게 부처님을 뵙는 좋은 기회를 놓칠 수 없지 않은가?"

선혜수행자는 부처님을 뵈러 먼 길을 나섰다. 희락성에는 이미 부처님을 맞이하기 위해 도시를 꾸미고 길을 정비하고 있었다. 홍수로 끊어진 길을 다시 복구하고, 은모래와 꽃을 길에 뿌렸다. 길 양쪽에는 아름색깔의 깃발도 세워졌다.

"이 길은 내가 수리하겠소." 길을 보수하고 있는 관리에게 말했다.

"좋은 생각입니다. 그렇다면 저기 진흙탕을 맡아 주시오."

선혜수행자는 진흙탕이 된 곳을 수리하려고 하였지만 가진 게 없어 은모래나 꽃으로 장식하지 못하자 입고 있던 옷을 벗어 진흙 위에 덮고, 몸을 진흙 위로 뉘였다. 그리고 아직 진흙이 남은 곳에는 자신의 머리를 풀어 깔았다. 그렇게 기다리고 있을 때 연등부처님께서 광명을 놓아 선혜수행자가 있는 곳에 이르렀다. 선혜수행자는 부처님께 말했다.

"연등부처님이시여! 저의 머리와 몸으로 진흙을 덮었사오니 밟고 지나가십시오. 부처님의 제자들도 여기를 밟고 지나가십시오."

연등부처님께서 온화하고 위엄 있게 말씀하셨다.

"선혜수행자는 오로지 부처가 되고자 하는 마음으로 이 진흙탕 위에 누워 있구나! 참으로 장하구나!"

연등부처님께서는 진흙탕을 넘어 선 뒤 말씀을 이었다.

"선혜수행자 공덕은 가히 부처가 될 만하다. 앞으로 10만 겁 지나 '석가모니'부처가 될 것이다. 내 말은 일점일획도 틀리지 않는다."

이렇게 하여 선혜수행자는 연등부처님으로부터 미래의 부처가 될 것이라는 수기를 얻었다. 부처님의 예언을 '수기(授記)'라고 한다. 선혜수행자에게는 최상의 기쁨이었다. 10만 겁은 참으로 아득한 세월이다. 선혜는 오랜 과거 생 동안에도 여러 부처님을 만났다. 그의 바라밀 수행이 끊이지 않았으므로 부처님마다 수기를 주셨다. 선혜수행자는 가까운 겁에 도솔천에 태어나 수행을 계속하였다. 이때는 이름이 호명보살이었다.

"호명보살이 장차 부처가 될 것이다. 지금부터 100년이 지나면 석가모니부처님 세상이 열리게 된다!"

선지식들 사이에 떠도는 말이었다. 그러자 세상이 크게 한 번 흔들렸다. 부처가 태어난다는 신호였다.

호명보살은 염부제 지구촌(사바세계) 가비라 국(카필라바투성)의 정반왕을 아버지로, 마야왕비를 어머니로 택하였다. 이날 마야왕비는, 높이 7유순이나 되는 사라나무 아래에 있었다. 가까이에 백은으로 된 산이 있고, 산 속에 황금으로 된 궁전이 있었다. 궁전으로 들어가 침전에 누웠는데 뛰어나게 잘 생긴 흰 빛깔 코끼리가 나타나 침대 둘레를 오른쪽으로 세 번 돌더니 왕비의 오른쪽 옆 가슴으로 들어가는 것이었다. 부처님을 잉태하는 좋은 꿈이었다. 마침내 부처님께서 사바세계에 출현하시게 되었다.

〈 출처 : 본생경 〉

* 불교의 4대 성지(聖地)

〈표 1〉 불교 4대 성지

구분	탄생	성도	초전법륜	열반
장소	룸비니동산	붓다가야	녹야원 (사르나트)	쿠시나가라

* 불교의 4대 재일(齋日)

〈표 2〉 불교 4대 재일

탄생	출가	성도	열반	우란분재 (백중)
음 4월8일 (BC624년)	음 2월8일	음 12월8일	음 2월15일	음 7월15일

* 과거칠불(過去七佛):

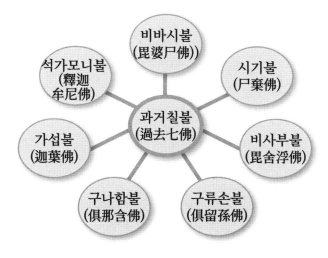

〈그림 4〉 과거 7분의 부처님

* 칠불통계게(七佛通戒偈): 과거 일곱 부처님의 공통된 가르침.

제악막작 중선봉행 자정기의 시제불교 (諸惡莫作 衆善奉行 自淨其意 是諸佛敎)
모든 악을 짓지 말고, 모든 선을 받들어 행하라. 스스로 그 뜻을 깨끗이 하는 것이 모든 부처님의 가르침이다. * 여기서 핵심적인 말은 "자정기의(自淨其意)"이다.

〈그림 5〉 일곱부처님의 공통 가르침

* 팔상성도(八相聖圖): 부처님 생애를 8개 그림으로 나타낸 것

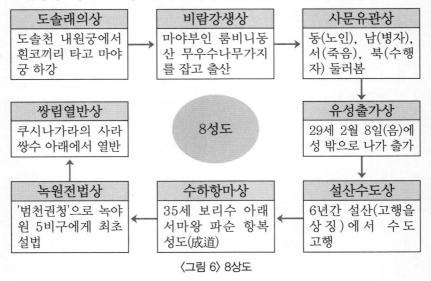

〈그림 6〉 8상도

〈 표 3〉 삼학(三學)과 삼독(三毒)

삼학(三學) (성불할 이가 닦을 것)			삼독(三毒) (성불할 이가 없앨 것)		
계(戒)	정(定)	혜(慧)	탐(貪)	진(瞋)	치(痴)
계율	선정	지혜	탐내는 마음	화내는 마음	어리석은 마음

〈 표 4〉 12연기(十二因緣)와 관찰방향

번호	내 용	해 설	관찰방향 順	관찰방향 亦	관찰방향 流傳
1	무명(無明)	연기의 근본원인, 진리에의 무지(無知)	↓	↑	↑
2	행(行)	몸과 말과 뜻으로 하는 모든 행동	↓	↑	
3	식(識)	인식작용을 뜻하며, 행의 원동력(선,악분별)	↓	↑	
4	명색(命色)	분별에 의해 일체 존재가 나타남	↓	↑	
5	육입(六入)	눈, 귀, 코, 입, 몸, 의식의감각기관, '육처'	↓	↑	
6	촉(觸)	육입이 빛, 소리, 냄새, 맛, 촉감, 의식과 접촉	↓	↑	
7	수(受)	즐겁고, 괴롭고, 즐겁지도, 괴롭지도 않은 느낌	↓	↑	
8	애(愛)	즐거움만 추구하는 욕망, 애착, 열망, 갈애	↓	↑	
9	취(取)	애에 의하여 대상을 취하고 버리는 행동	↓	↑	
10	유(有)	애와 취로 인하여 업을 짓는 것.	↓	↑	
11	생(生)	업의 인연으로 미래의 생을 받게 되는 것	↓	↑	
12	노사(老死)	생으로 늙고 병들어 죽음의 결과를 초래	↓	↑	↑

*부처님 4무소외(四無所畏)와 3염주(三念住)

〈 표 5〉 4무소외와 3염주 〉

구분	내용	설명
4무소외 (四無所畏)	정등각무외 (正等覺無畏)	일체법을 평등하게 깨달아 다른 이의 힐난 (詰難)을 두려워하지 않음
	누영진무외 (漏永盡無畏)	온갖 번뇌를 다 끊어 외난 (外難)을 두려워하지 않음
	설장법무외 (說障法無畏)	지혜를 장애하는 것을 말하되, 다른 이의 비난을 두려워하지 않음
	설출도무외 (說出道無畏)	고통의 세계를 벗어나는 길을 가르치되 다른 이 비난을 두려치 않음
3염주 (三念住)	초념처 初念處	제자들이 잘 순종할지라도 그로인해 마음동요나 환희없이 항상 평온
	제2념처 第二念處	제자들이 잘 순종하지 않을지라도 마음이 항상 평등하여 동요치 않음
	제3념처 第三念處	제자들이 순종하거나 순종치 않거나 마음이 동요치않고 항상 평등심

* 삼법인(三法印)과 열반사덕(涅槃四德)

〈 표 6〉 삼법인과 열반사덕

구분	내용	해설
삼법인 (三法印)	제행무상 (諸行無常)	모든 것은 항상함이 없고 변화한다. 성주괴공(成住壞空), 생주이멸(生住離滅).
	제법무아 (諸法無我)	모든 변화하는 것에는 '나'라는 고정된 실체가 없다.
	열반적정 (涅槃寂靜)	모든 괴로움의 불을 끈 적멸의 상태열반사덕(涅槃四德)이 있다.
	일체개고 (一切皆苦)	모든 변화하는 것은 괴로움. 이를 포함해 '사법인'이라고 한다.
열반4덕 (涅槃四德)	상(常)	무상(無常)하지 않고 영원히 변치 않음
	락(樂)	모든 괴로움에서 벗어난 지극한 즐거움으로 충만
	아(我)	헛된 나를 떠난 참 나로 결박됨이 없음
	정(淨)	더러움이 없고 언제나 청정한 덕
사성제 (四聖諦)	고(苦)	인간의 현실적 존재는 괴로움
	집(集)	괴로움의 원인인 집착
	멸(滅)	해탈, 열반의 세계
	도(道)	괴로움을 없애는 방법

제2절
수행법 이해하기

일반인과 재가자는 출가 스님에 비해 세속생활의 제약이 많아 수행하기가 쉽지 않습니다. 대개는 지도해 줄 스승도 없고, 수행법을 배우는 것도 어려우며, 꾸준히 수행할 수 있는 공간 확보와 시간 내기도 곤란합니다. 그럼에도 현생에 부지런히 정진한다면 다음 생에는 출가 사문이 되어 불도를 이룰 수 있을 것입니다. 비록 출가를 못하고 수행 여건이 불비할지라도 자신의 근기와 실정에 맞는 수행법을 택하여 부단히 정진하는 것이 중요합니다.

4가지 수행법과 기간

수행방법은 전통적으로 절, 염불, 참선과 사경을 말 합니다. 먼저 절은 108배, 300배, 500배, 1,000배, 3,000배를 단위로 하고 기간은 7일, 21일, 100일, 1년, 1,000일 등 정해 실행 합니다.

염불은 매일 일정한 시간에 정해진 장소에서 불보살님 칭념정근을 하거나 대다라니(442자), 진언 등 선택해 매일 7독, 21독, 49독 등 반복해서 합니다. 이러한 수행은 업장소멸과 소망성취는 물론 지혜가 밝아지고 궁극에 삼매에 들어 깨달음을 얻게 됩니다.

〈 표 7〉 4대 수행방법

구분	절	염불 (정근,대라니)	참선	사경
배/독/분	108~3,000	7~49	50	50
기간(일)	7~1,000	7,21,100,1000	7~1,000	7~1,000

　참선은 가능한 수계를 받고 큰 스님으로부터 화두를 받아 역시 매일 일정한 시간동안 치열하게 수행하여야 합니다. 전생부터 수행을 해오지 않았다면 누군가로부터 수행법을 절차에 따라 배우지 않고서는 한발자국도 나아갈 수가 없기 때문입니다. 참선을 시작한다고 해도 초기에는 수많은 망상이 떠오르고 채 10분도 앉아 있기도 힘듭니다. 느리지만 꾸준히 정진하다보면 어느 날 화두가 소소영영(昭昭靈靈) 해지는 단계에 이르러 확철대오 할 것입니다. 경허스님 참선곡을 들어보면 수행방법을 잘 말씀해 놓으셨습니다.

　참선의 경우는 가능한 시민선방에 등록하고 체계적인 지도를 받거나 스님께 가르침을 받아 수행하는 것이 좋습니다. 그것도 어렵다면 유튜브 동영상을 통해서라도 수행법을 배운 뒤에 하시기 바랍니다.

　사경은 경전을 옮겨 적는 일체의 과정을 말합니다. 부처님의 가르침을 따라 써 나가다보면 혜안동투한다고 하였으니 궁극에 이르러 지혜가 증득되게 됩니다. 사경은 대표적으로 금강경, 아미타경, 천수경, 반야심경 등 평소 좋아하는 경전을 정해 매일 규칙적으로 정성껏 쓰는 것입니다. 삼장법사께서는 하루에 반야심경을 7번씩 외워가며 당나라에서 천축까지 무사히 갈 수 있었다고 합니다. 뻔히 외우고 있는 것을 왜 하루에 일곱 번씩 외워가며 갔을까요? 어려움에 처할 때마다 반야심경을 외우며 부처님의 가르침을 되새겨 부딪치는 경계가 참이 아님을 깨닫고 나아갔다고 생각합니다. 경전을 한자 한자 써나가는 동안 집중도가 높아지고 망상도 없어져 결국 깨달음을 얻게 될 것입니다.

수행자의 4대 마음자세

그러면 앞으로 어떤 자세로 수행할 것인가? 모든 수행의 첫 번째 조건은 대 신심(信心)과 분심(憤心)입니다. 신심이라고 하는 것은 믿음입니다. 그냥 신심이 아니라 대신심입니다. 이 뜻은 크게 믿는 것입니다. 부처님의 말씀과 가르침을 그대로 믿고 따르며 그대로 실천하는 것입니다. 그러려면 부처님이 가르침이 옳고 진리라고 하는 것에서부터 출발하여야 합니다.

그 다음은 대분심입니다. 분심이라는 의미는 억울하고 분하게 여기는 마음이라고 할 수 있습니다. 즉, "부처님의 가르침을 실천하는데 나는 왜 이렇게 제대로 못 하는가? 일체중생이 불성이 있어 부지런히 수행하면 부처가 된다고 했는데 나는 왜 잘 못할까?"라고 생각하며 목숨을 던져서라도 현생에 꼭 불도를 이루고 말겠다는 굳은 의지를 말합니다. 분발하려는 마음이 있어야 백척간두 진일보하지 않겠습니까? 불보살님의 가르침을 믿고 실천하겠다는 강한 의지가 있어야 합니다. 부처님께서도 "자등명법등명"하라고 가르쳐주셨음을 잊지 말아야 합니다. 누구에게나 신심과 분심은 수행하는데 있어 수레의 앞뒷바퀴와 같은 것이기때문에 신심이 없으면 수행도 진척이 어렵습니다.

〈그림 7〉 수행자 4대 마음자세

　세 번째는 몰입성입니다. 즉 삼매에 드는 것입니다. 삼매 들려면 오로지 한 생각에만 머물러야 합니다. 외부와 경계를 끊고 절, 염불, 참선, 사경 수행법 중 하나를 택해 정진하되 신구의 삼업을 소멸시키고 계정혜를 닦아 나아갑니다. 여기서 가장 중요한 것은 절이나 염불, 참선, 사경을 할 경우에 오로지 한 생각, 일념으로하여야 합니다. 수많은 망상이 떠오르고 걱정 근심이 생각의 밑바탕에서 올라와 끌려가다가도 다시 자기 자리로 돌아오는 훈련을 반복적으로 하여야 합니다. 망상을 알아차림도 중요합니다.

　네 번째는 지속성입니다. 7일, 21일, 100일, 1년, 1,000일, 10,000일 기도 등 끊임없이 정진을 해야 합니다. 석가모니 부처님께서 10만 겁의 생을 통해 성불하셨듯이 매일 매일의 분초를 방일하지 않고 일상이 수행임을 자각하여 실천하여야 합니다. 우리 중생은 깨달음에 대한 노력을 함에 있어 석가모니 부처님 전생담에 나와 있는 것처럼 치열한가 되돌아 보아야 합니다. 수많은 생동안 수행과정에서 겪는 보시, 지계, 인욕, 정진 등 고통을 견디고 자비를 베품에서 한 치의 마음동요 없이 이루어낸 과정의 결과임을 알아야 할 것입니다. 인간의 몸을 받아 수행의 문에 들어섰으니 좋은 인연이며 하루 아침에 깨달음을 얻지 못해도 궁극에 깨닫고야 말겠다는 큰 서원으로 정진하면 부처님의 말씀처럼 분명코 도를 이루고야 말 것입니다.

* 여래십호(如來十號): 부처님 덕성을 열가지의 명호로 부르는 말.

〈표 8〉 부처님의 10가지 명호

명호	의미
①여래 (如來)	진여의 세계에서 와서 진리 여실히 깨달으신 분
②응공 (應供)	응당 하늘과 사람의 공양을 받을만한 분 '아라한'
③정변지 (正遍知)	바르고 두루 원만하게 깨치신 분, 사성제 진리를 그대로 아시는 분
④명행족 (明行足)	지혜와 실천을 두루 구족하신 분
⑤선서 (善逝)	다시는 생사윤회에 빠지지 않고 저 언덕(피안)으로 잘 가신 분
⑥세간해 (世間解)	일체 세간의 모든 것을 잘 알아서 중생을 구제하시는 분
⑦무상사 (無上士)	세간과 출세간에서 가장 높으신 분
⑧조어장부 (調御丈夫)	지혜, 자비를 갖춰서 적절한 말과 방편으로 중생을 제도하시는 분
⑨천인사 (天人師)	하늘(天神)과 사람의 위대한 스승
⑩불세존 (佛世尊)	깨달아 세상에서 가장 존귀하신 분 '석가세존'

<표 9> 부처님 10대 제자

순서	이름	특징	비고
1	마하가섭	두타(頭陀)제일	삼처전심(三處傳心)을 통해 부처님의 법을 이음
2	아난다	다문(多聞)제일	부처님의 사촌동생, 1차 결집 때 경(經)을 암송
3	사리불	지혜(智慧)제일	부처님보다 먼저 열반, 상수제자로 교단 통솔
4	목건련	신통(神通)제일	부처님보다 먼저 열반, 효성 지극 어머니를 지옥에서 구제
5	수보리	해공(解空)제일	불교의 핵심사상인 공(空)도리를 가장 잘 이행함
6	부루나	설법(說法)제일	설법과 전법의 달인
7	아나율	천안(天眼)제일	설법중 졸다 야단맞고 정진중 눈이 멈. 대신 천안을 얻음
8	우바리	지계(持戒)제일	왕궁 이발사(천민), 계율을 잘지켜 1차 결집때 율장 암송
9	가전연	논의(論議)제일	교의에 대한 논의가 가장 뛰어남
10	라훌라	밀행(密行)제일	부처님의 아들, 남모르는 수행을 많이 함. 최초의 사미

* 보살의 서원(誓願)

<표10> 보살 서원

서원	의미	핵심
중생무변서원도 (衆生無邊誓願度)	중생이 끝없이 많으나 다 건지오리다.	度
번뇌무진서원단 (煩惱無盡誓願斷)	번뇌가 다함이 없으나 다 끊으오리다.	斷
법문무량서원학 (法門無量誓願學)	법문이 많으나 모두 다 배우오리다.	學
불도무상서원성 (佛道無上誓願成)	불도가 위없이 높으나 다 이루오리다.	成

인연
이야기
2

청나라 순치황제 출가 詩

중국 청나라의 세 번째 순치황제는 6살에 즉위하여 18년 동안 매일같이 전쟁을 해서 중원(中原)을 통일시키는데 공헌하였다. 여러 가지 설이 있지만 23세 되던 해에 뜻한 바 있어 출가하였다.

출가와 관련해 전해 오는 이야기가 있다. 그는 과거 생에 인도의 수도승이었는데 백성들이 왕의 폭정에 시달리며 고통스러워하는 걸 보곤 하였다. 어느 날 선정(禪定) 중에 '내가 왕이라면 백성들이 잘 살도록 왕도로써 정치했을텐데'하고 한순간 생각을 일으킨 인과로 중국의 황제로 태어나게 되었다. 다음은 그의 전생담이다.

아주 오래 전 어느 절에 노스님 한 분이 있었다. 엄정이 계율을 지키고 부지런히 수행을 해 온 노스님은 나이가 많음에도 잘 아프지도 않고 늘 온화하여 대중들의 존경을 받았다. 가끔 손자 상좌들이 찾아가 "노스님 그 낡은 옷은 언제 벗으실 겁니까?"하고물으면 "뒷산에 있는 바위가 무너지는 날에 옷을 벗으마."하였다.

하루는 상좌에게 지필묵을 가져오라 하였다. 좌정하고 앉아 사람 얼굴을 그린 후에 눈동자만 그리지 않고 남겨두며 하는 말이 "40년 후에 이 그림을 걸개로 만들어 중원 천하를 돌아다니며 자기 영(靈) 찾으시오!"하고 소리를 치고 다니면 "내가 나타나 눈동자를 그려줄 것이다."하였다. 곧바로 노스님은 목욕재계하고 의복을 단정히 하고 좌탈입망(坐脫立亡)하니 갑자기 뒷산 바위가 무너져 내렸다.

40년 후에 청나라에는 순치황제가 임금의 자리에 올라 하루도 빠짐없이 수많은 사람을 희생시키는 전쟁을 한 끝에 마침내 중원 천하를 통일하고 자금성에 머물고 있었다. 어느 날 성 밖에서 문득 "자기 영(靈) 찾으시오!"하는 소리가 들렸다. 잡자기 그 소리에 마음이 끌렸다. 신하들을 시켜 누가 그런 소리를 외치고 다니는가를 수소문하여 그 사람을 입궐시키니 한 스님이 걸개그림을 들고 있었다. 걸개에는 사람 얼굴이 그려져 있는데 이상하게 눈에 눈동자가 없었다. 황제가 자신도 모르게 문득 붓을 가져오라 하여 눈동자를 그려주자마자 "40년 만에 스승님을 뵙습니다."하면서 스님이 큰 절을 올리고 감격해 흐느껴 울며 연유를 말하니 순치황제는 홀연히 자신의 전생을 찰나에 깨달았다. 그 길로 곤룡포를 벗어 던지고 출가하여 오대산으로 들어가 출가시를 지었다.

天下叢林飯似山
(천하총림반사산) 곳곳이 총림이요 쌓인 것이 밥이거늘
鉢盂到處任君餐
(발우도처임군찬) 대장부 어디 간들 밥 세 그릇 걱정하랴
黃金白璧非爲貴
(황금백벽비위귀) 황금과 백옥만이 귀한 줄 알지 마소
惟有袈裟被最難
(유유가사피최난) 가사 옷 얻어 입기 무엇보다 어려워라

朕乃大地山河主
(짐내대지산하주) 내 비록 산하대지의 주인이련만

憂國憂民事轉煩
(우국우민사전번) 나라와 백성 걱정 마음 더욱 시끄러워
百年三萬六千日
(백년삼만육천일) 백 년, 삼만육천 날이
不及僧家半日閒
(불급승가반일한) 승가에 반나절 한가함에 못 미치네
悔恨當初一念差
(회한당초일념차) 당초에 부질없는 한 생각으로
黃袍換却紫袈裟
(황포환각자가사) 가사 장삼 벗고 곤룡포를 입게 됐네
我本西方一衲子
(아본서방일납자) 내 본디 서천축(西天竺) 스님인데
緣何流落帝王家
(연하류락제왕가) 어찌 된 인연으로 제왕가(帝王家)에 떨어졌나

未生之前誰是我
(미생지전수시아) 태어나기 전 그 무엇이 내 몸이며
我生之後我是誰
(아생지후아시수) 태어난 뒤 내가 과연 뉘런가
長大成人纔是我
(장대성인재시아) 자라나 사람 노릇 잠깐 동안 나라더니
合眼朦朧又是誰
(합안몽롱우시수) 눈 한 번 감은 뒤 내가 또한 뉘런가
百年世事三更夢
(백년세사삼경몽) 백 년의 세상일은 하룻밤의 꿈속이요
萬里江山一局碁
(만리강산일국기) 만 리의 이 강산은 한판 바둑 노름이라

禹疏九州湯伐桀
(우소구주탕벌걸) 우임금이 구주를 나누었으나 탕임금 걸을 치며
秦呑六國漢登基
(진탄육국한등기) 진시황 육국 차지하고 한고조 새기틀을 닦았네
兒孫自有兒孫福
(아손자유아손복) 자손들은 저 스스로 제 살 복을 타고났으니

不爲兒孫作馬牛
(불위아손작마우) 자손을 위한다고 마소 노릇 그만 하소
古來多少英雄漢
(고래다소영웅한) 예로부터 많고 적은 영웅들이
南北東西臥土泥
(남북동서와토니) 동서남북 사방에 한 줌 흙으로 누워 있네

來時歡喜去時悲
(내시환희거시비) 올 적에는 기뻐하고 갈 적에는 슬퍼하니
空在人間走一回
(공재인간주일회) 헛되이 인간세에 와서 윤회하고 가는 도다
不如不來亦不去
(불여불래역불거) 애당초 오지 않았으면 갈 일이 없으리니
也無歡喜也無悲
(야무환희야무비) 기쁨이 없었는데 슬픔인들 있을 쏜가

每日淸閑自己知
(매일청한자기지) 나날이 한가로움 나 스스로 알 것이라
紅塵世界苦相離
(홍진세계고상리) 이 풍진 세상 속에 온갖 고통 여일세라

口中吃的淸和味
(구중흘적청화미) 먹는 것은 맑고 담백한 음식이요
身上願被白衲衣
(신상원피백납의) 입는 것은 누더기 한 벌 원할 뿐이로다

四海五湖爲上客
(사해오호위상객) 사해와 오호에 노니는 자유로운 객이 되어
逍遙佛殿任君棲
(소요불전임군서) 부처님 도량 안에 마음대로 노닐세라
莫道出家容易得
(막도출가용이득) 세속을 떠나는 일, 하기 쉽다 말을 마소
昔年累代重根基
(석년루대중근기) 숙세에 쌓아 놓은 선근(善根) 없이 아니 되네

十八年來不自由
(십팔년래부자유) 지난 18년간 자유라곤 없었으니
山河大戰幾時休
(산하대전기시휴) 산하대전으로 어찌 쉴 틈이 있었겠는가
我今撒手歸山去
(아금철수귀산거) 내 이제 손을 털고 산속으로 돌아가니
那管千愁與萬愁
(나관천수여만수) 천만가지 근심걱정 내 아랑곳할 일 없네

출가한 순치황제가 승가 생활에 익숙해질 무렵에 순치의 대를 이어 여덟 살에 등극한 강희황제는 조정의 혼란상을 어느 정도 정리하고 아버지가 보고 싶어 수소문하여 찾아갔다. 순치의 방에는

'짐과차(朕過此)'라는 글귀만 남아 있고 순치는 없었다. 순치는 절간의 부목(負木)으로 산에 가서 나무하고 스님들을 모시면서 곤룡포를 입고 지은 업장을 녹였다. 천하를 정복하기보다 자기 자신을 정복하기가 더 어려운 법이다.

〈그림 8〉, 청나라 3대 세조 순치황제 영정 〉

〈출처 : 조계종, 인터넷 〉

▶ 대개의 사회생활을 하는 사람들은 높은 직위에 올라 귀이 되고 부자가 되어 남보다 잘 살고 명예로운 삶을 희망합니다. 그렇게 되려면 다른 사람을 수고롭게 하여야 하며 그 것이 빚으로 남아 과보(果報)가 되는 것입니다. 황제라 해도 천년 만년 사는 것도 아니요 많은 재물이 수많은 이들의 피땀으로 이루어 졌으니 댓가

없이 취하게 되면 그 업이 무거울 수밖에 없는 것입니다. 출가자들이 소유하려 하지 않고 청빈한 삶을 추구하는데는 무상(無常)의 도리를 이미 알고 있어서 입니다. 황제자리 1백년이 不及僧家半日閒에도 미치지 못한다는 글귀를 되새겨 보시기 바랍니다.

* 십업(十業)

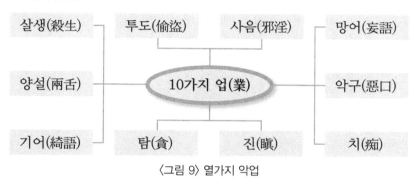

〈그림 9〉 열가지 악업

* 오계수지(五戒受持)

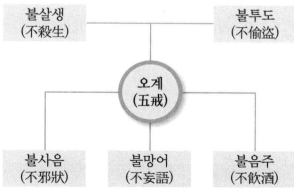

〈그림 10〉 수계자가 지켜야할 5계

수행 횟수와 시간

일타스님의 권고대로 수행은 아침에 일어나자마자, 그리고 저녁 잠자리 들기 전에 최소 30분 씩 꾸준히 해야 합니다. 재가자는 대개 직장생활을 하기 때문에 낮에는 예불이나 참선을 할 수가 없습니다. 퇴근 후에는 역시 회식과 같은 각종 모임으로 일찍 귀가하기도 쉽지 않습니다. 결국 가장 적합한 기도시간은 하루를 끝마치고 잠들기 직전 시간입니다. 잠자는 동안에는 꿈과 같은 의식 망상 외에는 안이비설신(眼耳鼻舌身)은 쉬고 있어 잠들기 전 수행은 자는 동안에도 "깨어있는 의식"을 지속 시켜줍니다. 그렇기에 회식으로 술을 마셨어도 술이 깰 때까지 기다렸다가 짧은 시간만큼이라도 거르지 말고 지속하여야 합니다. 또 아침에 잠에서 깨자마자 수행하는 것은 잠자는 동안 이어져 온 잠들기 전의 기조 수행을 깨어난 의식 하에서 다시 각성하는 의미가 있습니다. 가능하면 데스크 다이어리 같은 곳에 매일매일 수행시간과 수행 중 경험한 사항을 메모하는 것도 좋습니다. 점차 수행하는 것이 익숙해지면 시간을 1시간, 3시간 등으로 계속 늘려 갑니다. 특히, 토요일과 일요일에는 시간 여유가 있으므로 본인의 체력과 신심에 따라 수행시간을 최대한 늘려서 하도록 합니다.

〈표 11〉 수행시기 및 시간

구분	시기	횟수(회)	시간(분)
매일	기상/취침 전	2	30~60
토,일	아침, 낮, 저녁	각 1회	1시간 이상

장소별 수행내용

사찰에는 많은 공간이 있어 절·염불·참선 수행하기가 용이한데 아파트나 단독주택에서 고성 염불을 할 때는 외부에 소리가 들려 민원이 생길 수도 있습니다. 사찰의 경우 대웅전에서는 주기적인 예불과 기도가 행해지고 참배객이 많으므로 관음전이나 나한전이 개인적인 정진하기에 적합합니다. 절과 염불 수행은 옆에 다른 법우들이 참선이나 사경할 경우 방해가 되지 않도록 최대한 조용히 합니다.

절은 장소에 구애없이 매일매일 할 수 있습니다. 염불은 가급적 큰소리로 빠르게 합니다. 집에서는 가급적 외부로 소리가 새어 나가지 않는 장소를 정하고 작은 소리로 정진합니다. 열심히 수행하여 부처되기를 희망하는데 그 과정에서 이웃과 분란이 생긴다면 수행자로서 바람직한 자세가 아닙니다.

〈표 12〉 장소별 수행내용

구분	사찰	아파트	단독주택
장소	관음전/나한전	현관쪽	지하실/옥탑
수행내용	절·염불·참선	절·염불·사경·참선	절·염불·사경·참선

제 경우 새벽 4시에 일어나 염불수행을 하다가 자신도 모르게 큰소리로 염불삼매에 빠진 동안 윗 층에서 내려와 문을 발로 차고 항의를 받은 적도 있습니다. 이것은 자신만을 위한 이기심으로 비춰질 수 있으니 최대한 염불소리를 작게 하여 외부로 소리가 새어

나가지 않도록 하는 것이 바람직합니다. 집에서 목탁을 칠때 더욱 소리에 주의하는 것이 좋습니다. 과거 신심 깊은 법우님들은 두꺼운 이불을 뒤집어 쓰고 '땀을 뻘뻘 흘리며 목탁치고 염불했다'고하는 이야기가 전해 올 만큼 치열한 마음으로 정진을 했음을 새겨보아야 합니다. 참선도 절과 같이 장소에 관계없이 어디서나 수행할 수있습니다. 사경은 규칙적인 수행이 중요합니다. 가능하면 직장에 조금 일찍 출근해서 매일 1회씩 꾸준히 하는 것이 좋습니다. 휴일에는 집에서 합니다.

사찰에서는 정해진 순서에 따라 아침이나 저녁 예불에 참석하여 스님의 집전에 따라가며 수행을 하면 됩니다. 주로 오분향례, 반야심경, 정근, 천수경, 대다라니 독송을 합니다. 집에서나 별도 그룹이 모여 수행을 하는 경우에는 보다 간결하면서 절차에 맞는 수행이 필요합니다.

순례수행 시 준비사항

먼저 기본 준비물입니다. 사찰 순례 수행과 집에서 정진하는 경우를 구분하여 준비합니다.

〈표 13〉 사찰순례 및 수행 시 준비물

구분	사찰순례	재가수행	비고
예불문	○	○	
휴대용 향통/향	○	○	
다포(좌복 용)	○	×	
목탁	○	×	개인용
염주	○	×	절 수행
양초, 라이터	○	○	
침낭	○	×	철야정진
세면도구	○	×	〃
수건	○	×	절 수행

후레쉬	○	×	철야정진
등산용품	○	×	〃
좌복(방석)	×	○	
간식/ 음료/ 차	○	×	철야정진
보시금	○	×	〃
사전예약	○	×	〃
휴대폰 충전기	○	×	〃

수행절차는 순례수행이나 집에서 하는 경우 모두 동일합니다. 다만, 사찰에서 집전하는 스님의 법회나 아침, 점심, 저녁 예불에 동참하는 경우에는 사찰의 표준 절차대로 함께 합니다. 집에서 하는 경우에는 의식은 간략히 하고 수행에 중점을 두는 것이 좋습니다.

사찰에서 수행하는 절차

수행장소는 사찰과 집으로 나뉘지만 절차는 같습니다.

(1) 순례자는 사찰에 가면 먼저 대웅전의 부처님께 3배를 합니다.

(집에서 수행은 제3장 참조)

(2) 참배 전에 향이나 초가 켜져 있으면 별도로 추가 할 필요는 없습니다. 법당을 나올 때에는 화재예방을 위해서도 향, 촛불을 모두 끄고 나오도록 합니다.

(3) 그 다음은 수행하기 좋은 위치를 정하고 좌복을 펴고 자리에 앉습니다. 자세는 가급적 얇은 방석을 깔고 앉아 결가부좌나 반가부좌, 이것도 힘들면 양반다리로 앉아도 됩니다.

(4) 허리를 곧게 폅니다. 만일 결가부좌나 반가부좌가 익숙하지

않은 경우에는 5분만 지나도 발이 저리고 온몸이 굳어져 오래 앉아 있기가 힘듭니다. 그러면 온 신경이 다리에 집중되어 수행자체가 고통에서 벗어나려는 생각에 사로 잡히게 되어 집중을 할 수가 없으니 익숙지 않은 경우에는 우선 편하게 앉아서 수행을 합니다. 진행되는 과정에 따라 조금씩 자세를 바로 잡아가면서 하도록 합니다. 특히, 허리가 아픈 경우는 의자에 앉아서 해도 됩니다. 중요한 것은 정진입니다.

(5) 그다음 오분향례와 반야심경을 낭송합니다. 오분향례는 석가모니부처님에서부터 불보살, 화엄성중, 전등조사님과 승가에 이르기까지 지극한 마음으로 귀의를 표하고 마지막에는 자타일시성불로 회향하며 마무리 합니다. 이때 주의하여야 할 것은 대중들과 함께 예불을 할 경우에는 스님의 독경에 집중하여 운율과 박자를 다르게 하거나 고저음을 특이하게 내지 않도록 하여야 합니다.

반야심경은 대개 신중단을 향해 낭송합니다만 집에서는 한자리에서 한꺼번에 하여도 무방합니다. 반야심경은 부처님 가름침의 정수인 만큼 모두 외우고 의미를 알아두어야 합니다.

(6) 이후에 개인별 수행방법으로 절, 염불, 참선이나 사경을 합니다. 염불은 정근이나 대다라니, 진언을 선택해 합니다.

기본적인 수행전 공통 의식 순서는 다음과 같습니다.

① 5분 향례

계향 정향 혜향 해탈향 해탈지견향
戒香 定香 慧香 解脫香 解脫知見香

광명운대 주변법계 공양시방 무량불법승
光名雲臺 周邊法界 供養十方 無量佛法僧

헌향진언 獻香眞言 옴 바아라 도비야 훔(3번)

지심귀명례 삼계도사 사생자부 시아본사 석가모니불
至心歸命禮 三界導師 四生慈父 是我本師 釋迦牟尼佛
지심귀명례 시방삼세 제망찰해 상주일체 불타야중
至心歸命禮 十方三世 帝網刹海 常住一切 佛陀耶衆
지심귀명례 시방삼세 제망찰해 상주일체 달마야중
至心歸命禮 十方三世 帝網刹海 常住一切 達磨耶衆
지심귀명례 대지문수사리보살 대행보현보살
至心歸命禮 大智文殊舍利菩薩 大行普賢菩薩
대비관세음보살 대원본존지장보살 마하살
大悲觀世音菩薩 大願本尊地藏菩薩 磨訶薩
지심귀명례 영산당시 수불부촉 십대제자 십육성 오백성
至心歸命禮 靈山當時 受拂付囑 十代弟子 十六聖 五百聖
독수성 내지 천이백제대아라한 무량자비성중
獨修聖 乃至 千二百諸大阿羅漢 無量慈悲聖衆
지심귀명례 서건동진 급아해동 역대전등
至心歸命禮 西乾東震 及我海東 歷代傳燈
제대조사 천하종사 일체미진수 제대선지식
諸大祖師 天下宗師 一切微塵數 諸大善知識
지심귀명례 시방삼세 제망찰해 상주일체 승가야중
至心歸命禮 十方三世 帝網刹海 常住一切 僧伽耶衆
유원 무진삼보 대자대비 수아정례 명훈가피력 원공법계 제중생
唯願 無盡三寶 大慈大悲 受我頂禮 冥薰加被力 願共法界 諸衆生
자타일시 성불도
自他一時 成佛道

② 반야심경

般若心經 반야심경

摩訶 般若 波羅蜜多 心經 觀自在菩薩 行深般若 波羅蜜多 時 照見
마하 반야 바라밀다 심경 관자재보살 행심반야 바라밀다 시 조견
五蘊皆空度 一切苦厄 舍利子 色不異空 空不異色 色卽是空 空卽是色
오온개공도 일체고액 사리자 색불이공 공불이색 색즉시공 공즉시색
受想行識 亦復 如是 舍利子 是 諸法空相 不生不滅 不垢不淨 不增
수상행식 역부 여시 사리자 시 제법공상 불생불멸 불구부정 부증
不滅 是故 空中 無色 無 受想行識 無 眼耳鼻舌身意 無 色聲香味觸法
불감 시고 공중 무색 무 수상행식 무 안이비설신의 무 색성향미촉법
無眼界 乃至 無意識界 無無明 亦無無明盡 乃至 無老死 亦無老死盡
무안계 내지 무의식계 무무명 역무무명진 내지 무노사 역무노사진
無苦集滅道 無智亦無得 以無所得故 菩提薩埵 般若波羅蜜多故
무고집멸도 무지역무득 이무소득고 보리살타의 반야바라밀다고
心無 罣碍 無罣碍故 無有恐怖 遠離顛倒夢想 究竟涅槃 三世諸佛
심무 가애 무가애고 무유공포 원리전도몽상 구경열반 삼세제불
依般若 波羅蜜多故 得阿耨多羅三藐三菩提 故知 般若波羅蜜多
의반야 바라밀다고 득아뇩다라삼먁삼보리 고지 반야바라밀다
是大神呪 是大明呪 是無上呪 是無等等呪 能除一切苦 眞實不虛
시대신주 시대명주 시무상주 시무등등주 능제일체고 진실불허
故說般若波羅蜜多呪 卽說呪曰
고설반야바라밀다주 즉설주왈

[揭諦 揭諦 波羅揭諦 波羅僧揭諦 菩提 娑婆訶] 3번
[아제 아제 바라아제 바라승아제 모지 사바하] 3번
③ 정구업진언

수리 수리 마하수리 수수리 사바하(3번)

④ 오방내외 안위제신 진언

나무 사만다 못다남 옴 도로도로 지미 사바하(3번)

⑤ 개경계 開經偈

무상심심미묘법

無上甚深微妙法 위 없이 심히 깊은 미묘한 법을
백천만겁난조우
百千萬劫難遭隅 백천만겁 지나도록 어찌만나리
아금문견득수지
我今聞見得修持 제가 이제 보고 듣고 받아지니니
원해여래진실의
願解如來眞實義 부처님의 진실한 뜻 알아지이다.
개법장진언
開法藏眞言
옴 아라남 아라다(3번)

⑥ 기도 (개인 선호에 따라 선택하여 수행)

〈표 14〉 수행법별 기도 횟수

구분	내용	기도횟수/일	비고
절(배)	–	108~3,000	방석, 수건
주력(독)	대다라니	7, 21, 49, 100	염주
진언	옴마니반메훔	30분 이상	
참선/일	화두참구	50분 이상	
사경/일	반야심경, 법성계	2시간	

⑦ 발원 : 자신의 소망을 낭송
 - 승진, 건강, 합격, 부귀 등등

⑧ 회향 : 수행한 모든 공덕을 우주만물의 복됨을 향해 회향
 - 모든 중생이 함께 성불하기를 바라는 대승적 발원

참고로 수행하는데 있어 집안에 불상을 꼭 모셔 놓고 할 필요는 없습니다. 한 곳을 가장 깨끗이 하고 앉아 수행하면 됩니다.

<표 15> 팔정도(八正道)- 적멸에 이르는 바른 길

번호	구 분	해 설	삼학분류
1	정견(正見)	바로 보는 것	혜
2	정사유(正思惟)	바른 생각	
3	정어(正語)	바른 말	계
4	정업(正業)	바른 행동	
5	정명(正命)	바른 생활	
6	정정진(正精進)	바른 노력	정
7	정념(正念)	바른 마음의 수행	
8	정정(正定)	바른 집중	

사람은 자기 복(福)에 산다 - 선광(善光)공주

옛날 바사닉왕에게 선광(善光)이라는 딸이 있었다. 머리가 총명하고 용모가 단정하여 부모와 궁중사람들로부터 모두 사랑받았다. 어느 날 바사닉왕이 딸에게 말하였다.

"너는 내 힘으로 말미암아 온 궁중 사람이 모두 사랑하고 존경한다." 딸은 정중하고도 예의 바르게 대답하였다.

"저에게는 지난 과보(果報)가 있기 때문이지 아버님의 위신력이 있어서가 아닙니다." 바사익왕은 세 번이나 말했으나 딸의 대답은 한결같았다. 그러자 왕은 벌컥 화를 내며 말했다.

"과연 너에게 과보가 있어서인가 아닌가를 시험해 보리라." 하고 신하들에게 명령하였다.

"이 성안에서 가장 빈궁한 거지 한 사람을 데리고 오너라." 신하들은 왕의 명령을 받고 가장 빈궁한 거지 한 사람을 찾아 왕에게 데리고 왔다. 왕은 곧 그 딸 선광을 거지에게 아내로 주면서 딸에게 말하였다.

"만일 너에게만 과보의 힘이 있고 내 힘이 없다면, 지금부터 일어날 일도 모두 네 탓이 될 것이다." 그러나 딸은 여전히 "저에게 과보의 힘이 있습니다." 하고는 거지청년과 함께 왕궁을 나섰다. 그녀는 길을 가면서 남편에게 물었다.

"당신은 부모님이 계신가요?" 거지는 대답하였다.

"우리 아버지는 전에 이 왕사성 안에서 첫째가는 장자였었는데 부모님은 모두 돌아가시고 의지할 곳 없는 나는 거지가 되었소."

선광공주는 다시 물었다.

"당신은 옛날의 그 집터가 어딘지 알고 있나요?"

"그 터는 알지만 지금은 집도 담도 다 허물어지고 빈 땅만 남아 있습니다."

선광공주가 남편과 함께 옛 집터로 가서 여기저기를 살펴보다가 땅속에 묻혔던 보물 광을 찾아냈다. 그러면서 말했다.

"당신이 빈궁하게 산 것은 부모가 탐욕이 많아 보시를 하지 않아서인 것이고 어려서 시부모님이 돌아 가셨다면 필시 유언을 남길 겨를도 없었을 것입니다. 시부모님은 보시보다는 모아 둔 재물을 땅에 묻어 두었을 것입니다. 그래서 이곳을 살펴보아 묻어둔 보물을 찾아낸 것입니다."

그는 그 보물로 집을 지었는데 한 달도 안 되어 집이 모두 이루어지고 궁인(宮人)과 기녀들은 그 안에 가득 차며 종과 하인들은 이루 헤아릴 수 없었다. 그때 왕은 문득 생각이 났다.

"내 딸은 어떻게 생활하고 있을까?"의문이 들어 사람을 시켜 알아본 즉 왕궁보다 더 큰 집을 짓고 하인들도 많이 두고 사는 것이 전과 차이가 없다는 것을 알고서 말했다.

"부처님 말씀은 진실이다. 스스로 선악을 짓고 자기가 과보를 받는 것이다."

선광공주는 어느 날 남편을 귀족처럼 차림을 하게 하고 왕에게 가서 자신의 집으로 초청하였다. 왕이 초청을 받고 가 보니 털자리와 담요와 꾸밈이 왕궁보다 더 훌륭하였다. 왕은 그것을 보고 처음 보는 일이라 찬탄하면서 이렇게 말하였다.

"선광공주가 말한 것처럼 자기가 업을 짓고 스스로 그 갚음을 받는 것이 틀림이 없구나."

그리고선 왕은 부처님께 나아가서 여쭈었다.

"선광공주는 전생에 무슨 복업을 많이 지었기 때문에 왕가에 태어나 몸에 광명이 있습니까?"

부처님께서 대답하셨다.

"과거 91겁 전에 비바시(毘婆尸)라는 부처님이 계셨고, 그 때 반두(盤頭)라는 왕이 있었으며, 그 왕에게는 첫째 부인이 있었느니라. 비바시부처님이 열반에 드신 뒤에 반두왕은 그 부처님 사리로 칠보탑(七寶塔)을 일으켰고, 왕의 첫째 부인은 하늘관[天冠]을 비바시부처님 동상 머리에 씌우고 하늘관 안의 여의주를 내어 문설주 위에 달자 그 광명이 세상을 비추었다.

그는 이내 발원하였다.

"장래에 내 몸에는 자마금빛의 광명이 있고 영화롭고 부귀하여 삼악팔난(三惡八難)의 곳에 떨어지지 않게 하소서.

왕이여! 그 때 왕의 첫째 부인이 바로 지금의 저 선광이오.

그가 가섭부처님 때에 가섭여래와 네 큰 성문에게 맛있는 음식으로 공양하였을 때 남편이 그것을 만류하자 그녀는 남편에게 청하였소.

'나를 만류하지 마십시오. 내가 저분들을 청하여 충분히 공양하게 해주십시오.'

그래서 남편의 허락을 받고 공양을 마치게 되었소.

왕이여, 그 때의 그 남편이 바로 오늘의 저 남편이고, 그 아내는 오늘의 저 아내요. 남편은 그 아내의 공양을 만류하였기 때문에 항상 빈궁하였다가 다시 아내의 공양을 허락하였기 때문에 아내의 덕으로 지금 크게 부귀하여졌지만 뒤에 아내가 없어지면 그는 도로 빈궁하게 될 것이요. 이와 같이 선악의 업이 따라 다니는 것은 어긋나는 일이 없었소."

바사익 왕은 부처님 말씀을 듣고 행업을 깊이 통달하여 스스로 잘난 체하지 않고, 깊이 믿고 깨달아 기뻐하면서 떠났다.

〈 출처 : 잡보자경 2권 〉

* 연기법(緣起法) - 중아함경

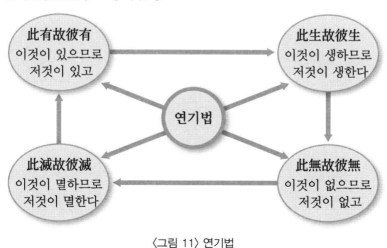

〈그림 11〉 연기법

▶ 부처님 가르침의 핵심은 인과입니다. 선업을 지으면 선과를 얻

고 악업을 지으면 악과가 열리게 됩니다. 그러나 인과는 한번 정해진 것을 못 고치는 것이 아니라 수행을 통해 그릇된 과거의 악업에 얽매이지 않을 수 있습니다. 여기서도 남편의 과보를 선광공주가 지혜로서 바꾸어 나가는 것을 보게 됩니다. 부처님 법을 만나기가 어렵고 수행하기는 더욱 어려운데 일단 수행을 시작하면 궁극에 이르러 대자유인이 될 수 있는 것도 이 때문입니다. 아무도 가르쳐주기 않은 선광공주의 과거생의 일을 현생에서 깨달아 어려움을 헤쳐 나가는 것을 보면 인과의 지중함을 알아 열심히 정진하여야 할 것입니다.

* 부처님 위신력(威神力)

〈표 16〉 부처님의 능력

구분	내용	해설
사지 (四智)	성소작지 (成所作智)	중생제도하는 데 걸림없이 자재한 방편 지혜
	묘관찰지 (妙觀察智)	모든 중생의 업과근성 등을 미묘하게 보는 지혜
	평등성지 (平等性智)	모든 법의 平等如一한 모습을 보는 지혜
	대원경지 (大圓鏡智)	모든 법을 통달하여 원만하게 비추어 보는 지혜
육신통 (六神通)	천안통 (天眼通)	육안으로 볼 수 없는 것을 보는 능력
	천이통 (天耳通)	보통 귀로는 듣지 못할 소리를 듣는 능력
	타심통 (他心通)	다른 사람의 마음을 꿰뚫어 보는 능력
	숙명통 (宿命通)	과거 전생을 볼 줄 아는 능력
	신족통 (神足通)	자유자재로 몸을 변화시키거나 불가사의한 힘을 나툴 수 있는 능력
	누진통 (漏盡通)	모든 번뇌가 다 끊어지고 열반에 이른 것. *오직 부처님만이 가진 능력

제4절
전국 주요 순례 기도처

수행법

대부분의 재가자는 어디에서 수행을 하는 것이 좋은가 고민합니다. 우선은 집에서 가까운 사찰이나 암자에서 열리는 정기 법회에 참석하는 것이 가장 좋습니다. 초심자는 경전을 봐도 이해하기 힘들고 규칙적인 생활도 어렵기 때문입니다. 그리고 인근 사찰에서 열리는 불교대학에 입학하여 경전공부를 하다보면 본인만의 공부방식이나 장소에 관심이 가게 됩니다. 이때가 되면 혼자서 사찰에가서 전각에 머물며 기도정진도 가능할 것입니다. 여건이 허락한다면 다음과 같은 순서로 순례수행을 권합니다.

제일 먼저 국내에 있는 5대보궁을 순례하는 것입니다. 5대 보궁에는 부처님의 진신사리가 모셔져 있습니다. 그래서 불상이 없고 사리탑이 봉안되어 있습니다. 그 다음은 3대 관음기도처가 있습니다. 관세음보살께서 현현(顯現)하신 곳으로 알려져 있으니 기도수행자는 반드시 머물러 수행하시기 바랍니다. 조계종에서 선정한 전국의 33관음성지와 25개 교구 본사의 위치와 주소도 명기해 두었습니다. 수행을 통해 불보살님의 가피를 입으시기 바랍니다.

진신사리를 모신 5대 적멸보궁

진신사리가 모셔진 보궁은 강원도 4곳, 경남에 1곳으로 대부분 깊은 산중에 있어 접근이 어렵지만 기도처로는 최적지입니다.

〈표 17〉 5대 적멸보궁 위치

지역	산명	사암	위치	비고	순례
강원도	오대산	상원사	중대		○
강원도	설악산	봉정암	5층석탑	1224m	○
강원도	태백산	정암사	수마노탑	정선	○
강원도	사자산	법흥사	보탑	영월	○
경상남도	영취산	통도사	금강계단		○

관세음보살께서 나투신 3대 관음기도처

관세음보살께서는 국내에 불교가 전래되고 난 뒤로 일반인들의 고통을 덜어주고 고난에서 건져 주는 보살행을 보여주신 사례가 많이 등장합니다. 수행자에게는 올바른 방향을 제시해 주고 깨달음을 얻도록 방편을 보여주기도 합니다. 이러한 배경 속에 양양 홍련암, 강화 보문사, 남해 보리암에 관세음보살께서 현현하시어 수행자를 도와준 사례에 따라 국내에서는 3대 관음기도처로 알려져 있습니다. 적어도 수행자라면 꼭 찾아가 기도를 하여야 할 곳입니다.

지역	산명	사암	위치	비고	순례
강원도	낙산사	홍련암	양양		○
인천	낙가산	보문사	강화도		○
경상남도	금산	보리암	남해		○
전라남도	돌산	향일암	여수	4대성지	○

수행법

3대 관음기도처에서는 관세음보살님이 전각에 모셔져 있어 관음정근(觀音精勤)을 많이 합니다. 구고구난(救苦救難)의 보살행을 행하시는 대자비의 화신이요 중생들의 어려움을 해결해 주시고자 1천개의 눈과 팔을 가지고 있습니다. 그러니 뭔가 절박하고 절실한 상황에 기도를 해야 한다면 관음성지 순례수행이 의미가 있습니다. 수행을 한다면 절(身), 대다라니(口), 참선(意)으로 이어지는 형태가 모두 한가지 목적인 깨달음으로 연결되어 있는 만큼 관음정근과 함께 해도 좋습니다. 특히 6자 진언은 '관세음보살 본심미묘 6자 대명왕진언'이라고 명명되어 있을 정도로 위신력이 큰 진언이니 시간을 안배하여 수행할 것을 권합니다.

※ 조계종이 선정한 33 관음성지(2009. 5 조계종 선정)

수행법

조계종에서는 지난 2009년 전국에 관세음보살님이 모셔져 있는 유명사찰을 대상으로 33대 관음성지로 확정하고 수행에 도움을 주고 있습니다. 이미 위에 열거한 5대보궁, 3대 관음기도처 그리고 교구본사와 중복되는 곳도 있지만 수행자라면 한번쯤 들러

경건한 마음으로 참배하고 수행정진하는 곳으로도 의미가 큽니다. 시작은 막연할 수 있더라도 하나씩 수행처를 정해 1박2일이나 2박3일로 머물며 예불에 참석하고 개인 수행일과에 따라 수행하며 지내게 되면 현생의 불보살님의 가피는 물론 내생에도 계속적인 수행자의 생활을 하게 되는 것으로 연결될 것입니다.

1. 낙가산 보문사 032-933-8271 인천 강화군 삼산면 매음리 629
2. 서울 조계사   02-732-2115   서울 종로구 견지동 45
3. 화산 용주사   031-234-0040 경기 화성시 송신동 188
4. 덕숭산 수덕사   041-337-6565 충남 예산군 덕산면 사천리 20
5. 태화산 마곡사   041-841-6221 충남 공주시 사곡면 운암리 567
6. 속리산 법주사   043-543-3615 충북 보은군 내속리면 시내리 209
7. 모악산 금산사   063-548-4441 전북 김제시 금산면 금산리 39
8. 능가산 내소사   063-583-3035 전북 부안군 진사면 석포리 268
9. 도솔산 선운사   063-561-1422 전북 고창군 아산면 삼인리 500
10. 백암산 백양사 061-392-7502 전북 장성군 북하면 약수리 26
11. 두륜산 대흥사 061-534-5502 전남 해남군 삼산면 구림리 799
12. 금오산 향일암 061-644-4742 전남 여수시 돌산읍 율림리 7
13. 조계산 송광사 061-755-0108 전남 순천시 송광면 신평리 12
14. 지리산 화엄사 061-782-7600 전남 구례군 마산면 황전리 12
15. 지리산 쌍계사 055-883-1901 경남 하동군 화개면 운수리 208
16. 금산 보리암   055-862-6115 경남 남해군 상주면 상주리
17. 팔공산 동화사 053-982-0101 대구 동구 도화동 35
18. 팔공산 은해사 054-335-3318 경북 영천시 청통면 치일1리 479
19. 가야산 해인사 055-934-3000 경남 합천군 가야면 치인리 10
20. 황악산 직지사 054-436-6174 경북 김천시 대항면 운수리 216
21. 등운산 고운사 054-833-2324 경북 의성군 단촌면 구계리 116
22. 함월산 기림사 054-744-2392 경북 경주시 양북면 호암리 419
23. 경주 불국사   054-746-9913 경북 경주시 진현동 15
24. 영축산 통도사 055-382-7182 경남 양산시 하북면 지산리 583

25.금정산 범어사　051-508-3122　부산 금정구 청룡동 546
26.설악산 신흥사　033-636-7044　강원 속초시 설악동 170
27.양양 낙산사　　033-672-2447　강원 양양군 강현면 전진리 55
28.오대산 월정사　033-339-6606　강원 평창군 진부면 동산리 63
29.사자산 법흥사　033-374-9177　강원 영월군 수주면 법흥2리
30.치악산 구룡사　033-732-4800　강원 원주시 소초면 학곡리 1029
31.여주 신륵사　　031-885-2505　경기 여주군 여주읍 천송리 282
32.수도산 봉은사　02-511-6070　　서울 강남구 삼성동 73
33.삼각산 도선사　02-993-3161　　서울 강북구 우이동 산 264

전국 조계종 25개 교구 본사

〈표 19〉 전국 조계종 산하 25개 교구 본찰 위치

교구명	소재산	본사명	위치	답사/순례
직할교구	서울	조계사	서울 종로	○/-
제 2교구	화산	용주사	수원, 화성	-
제 3교구	설악산	신흥사	강원 속초	○/-
제 4교구	오대산	월정사	강원 평창	○/○
제 5교구	속리산	법주사	충북 보은	○/○
제 6교구	태화산	마곡사	충남 공주	○/○
제 7교구	덕숭산	수덕사(덕숭총림)	충남 예산	○/○
제 8교구	황악산	직지사	경북 김천	○/○
제 9교구	팔공산	동화사	대구 동구	○/○
제10교구	팔공산	은해사	경북 영천	○/-
제11교구	토함산	불국사	경북 경주	○/○
제12교구	가야산	해인사(해인총림)	경남 합천	○/-
제13교구	지리산	쌍계사	경남 하동	○/-
제14교구	금정산	범어사	부산 동래	○/○
제15교구	영축산	통도사(영축총림)	경남 양산	○/○
제16교구	등운산	고운사	경북 의성	○/○
제17교구	모악산	금산사	전북 김제	○/○
제18교구	백암산	백양사(고불총림)	전남 장성	○/○
제19교구	지리산	화엄사	전남 구례	○/-

제20교구	조계산	선암사	전남 순천	–
제21교구	조계산	송광사(조계총림)	전남 순천	○/○
제22교구	두륜산	대흥사	전남 해남	–
제23교구	한라산	관음사	제주시	○/–
제24교구	도솔산	선운사	전북 고창	○/○
제25교구	운악산	봉선사	남양주	○/○

※ 주 : 답사는 사찰을 방문하여 부처님을 참배하고 머물며 참선 등을
시행한 곳이고, 순례는 1박2일 이상 머물며 500배, 대다라니
주력, 참선을 행한 사찰임.

*한국의 주요사찰

〈표 20〉 한국의 명찰

구분	사찰	내용
삼보사찰 (三寶寺刹)	통도사 불보사찰	자장율사가 부처님 진신사리를 봉안
	해인사 법보사찰	고려대장경(팔만대장경) 보유
	송광사 승보사찰	고려 16국사(國師)를 배출
5대 적멸보궁 (寂滅寶宮)	영축산	통도사
	오대산	상원사
	설악산	봉정암
	사자산	법흥사
	태백산	정암사
5대 총림(叢林) 강원, 선원, 율원, 염불원 구비	통도사	영축총림
	해인사	가야총림
	송광사	조계총림
	수덕사	덕숭총림
	백양사	고불총림

화엄10찰 (華嚴十刹)	미리사	팔공산
	화엄사	지리산
	해인사	가야산
	보원사	웅주(熊州)
	갑사	계룡산
	화산사	삭주(朔州)
	범어사	금정산
	옥천사	비슬산
	국신사	전주

우리나라에 전래된 구산선문·사찰

- 7세기 '법랑'이 도신의 법을 우리나라에 최초로 전하였고 남종선
이 전래되어 고려중기 지눌이 최초 간화선을 도입하였다. 고려말
'태고보우'선사가 '임제선'을 전해 '해동 임제종의 초조'가 되었고
나옹혜근도 지공에게서 법을 이어 받았다.
- 구산선문(九山禪門): 선학이 발전하여 신라 때 9개 산문 형성

〈표 21〉 한국의 구산선문

산문명	사찰명	국사	비고
실상산문	남원 실상사	홍척국사	국내 구산선문 중 최초 도량
가지산문	장흥 보림사	체징국사	도의국사가 종조
사굴산문	강릉 굴산사	범일국사	구산선문중 가장 번창
동리산문	곡성 태안사	혜철국사	
성주산문	보령 성주사	무염국사	
사자산문	영월 흥녕사	도윤국사	능주 쌍봉사
희양산문	문경 봉암사	지증국사	
봉림산문	창원 봉림사	현욱국사	
수미산문	해주 광조사	이엄존자	유일하게 고려초에 개창

화주시주상봉(化主施主相逢)

경상남도 산청군에 심원사(深遠寺)라는 절이 있다. 심원사는너무 오래되고 낡아서 비가 오면 빗물이 법당 안으로 새어 들어와 주지 묘원스님은 이 절을 중수하고자 원(願)을 세우고 백일기도를 하였다. 기도 회향 날 꿈에 부처님께서 나타나시어

"네가 내일 동구 밖에서 맨 처음 만나는 사람에게 시주(施主)를 청하라."하시었다. 이튿날 아침, 묘원스님은 예불을 마친 뒤 권선문을 들고 설레는 마음으로 동구 밖으로 향했다. 그런데 맨 처음 만나게 된 사람은 윗마을 조부자 집에 사는 머슴 박씨가 아닌가?

'부처님도 무심하시지. 저 머슴이 무슨 돈이 있다고 시주를 부탁 하란 말인가?' 그만 맥이 탁 풀린 스님은 땅에 털썩 주저앉아 버렸다. 이 모습을 본 머슴이 다가와

"스님! 어디가 편찮으십니까?" 하며 부축해 일으켰다.

스님은 몇 번을 망설이다가 그래도 부처님께서 하신 말씀을 떠올리며 절을 중수하고자 하니 시주를 해달라고 부탁을 했더니, 뜻밖에도 머슴은 흔쾌히 시주를 하겠다고 한다.

"절을 중수하려면 돈이 얼마나 드는지 모르지만 제가 그동안 장가가려고 모아 온 품삯을 드릴테니 스님 보태어 절을 중수하십시오."

그러면서 권선문에 백 냥이라고 써 달라는 게 아닌가?

"아니 당신에게 어떻게 이처럼 큰 돈이 있을 수 있습니까?"

"예, 스님! 저는 조부자 집에서 삼십여 년간을 머슴으로 살아오면서 장가가려고 한 푼도 안 쓰고 모았습니다만, 장가가는 것보다 더 뜻있는 일에 써야지요."

"고맙습니다. 부디 소원성취 하십시오."

묘원스님은 머슴 박씨의 마음에 감탄을 하며 몇 번이고 인사를 하였다. 며칠 후 머슴은 돈 백 냥을 가지고 심원사로 왔다. 머슴이 법당 안에 들어서자 언제나 근엄한 모습의 부처님께서 빙그레 웃고 계셨다.

"부처님! 저는 못 배운 게 한이 올시다. 이렇게 남의 머슴으로 평생을 지내고 있습니다만, 부처님! 다음 생에는 부디 저도 배워서 남의 머슴 신세만은 면하게 해주십시오."하며 머슴은 부처님 전에 절을 하였다.

머슴 박씨가 평생을 모은 피같은 그 돈을 시주한 이야기를 들은 동네 사람들은 모두 다 미쳤다고 수군거리며 묘원스님이 꼬드겨서 돈을 뜯어냈다고 소문을 내고 다녔다.

모두들 욕을 하고 비방을 해도 절을 중수하는 일은 착오 없이 진행이 되어 마침내 심원사는 비가와도 걱정 없이 지낼 수 있도록 훌륭하게 중수되었다. 허나 모든 재산을 다 바친 머슴은 이제 돈이 없어 장가도 갈 수가 없었다.

절이 중수되어 한 해가 지나갈 무렵 그 머슴은 갑자기 중풍이 들어 앓다가 앉은뱅이가 되어 버렸다. 머슴은 조부자 집에서 일하지 못하게 되자 사람 등에 업혀 절로 보내졌다. 스님은 머슴을 정성껏 간호했다. 시주한 공덕이 있으니 꼭 나으리라 믿으면서 머슴을 위해 백일

기도를 시작했다. 그런데, 백일기도도 마치기 전에 그는 안질이 생겨 눈이 멀더니 얼마 지나지 않아 덜컥 죽어 버렸다. 묘원스님은 허탈한 마음을 달래며 정성껏 화장하여 장례를 치러 준 뒤에도 허망한 마음을 가눌 수가 없었다.

"이토록이나 부처님이 야속할 수 있단 말인가? 한 푼 쓰지 않고 평생을 머슴살이 하여 모아 온 그 돈을 부처님께 시주한 공덕도 몰라주시다니"

화가 난 스님은 도끼를 들고 법당에 들어가 영험도 없는 부처님을 한없이 원망하며 부처님 이마를 도끼로 내리쳤다. 그랬더니 도끼가 이마에 박혀 빠지지를 않았다. 온 힘을 기울여도 빠지지 않자 겁이 난 스님은 도끼를 그대로 놓아두고는 절을 떠나 버렸다.

바랑 하나 걸머지고는 이 산 저 산 명산대찰(名山大刹)을 찾아다니며 공부하기 어언 이십 오륙 년. 금강산 한 절에 머물던 스님은 그 오랜 세월이 지났음에도 무심히 흘러가는 흰 구름만 보아도, 봄이면 피는 노란 창포 난을 보아도, 안개비가 소리 없이 내리는 것을 보아도, 심원사를 생각하며 그리워했다.

'지금쯤 심원사는 완전히 폐허가 되지나 않았는지? 지금쯤 심원사 법당 앞뜰에는 창포난이 만발하겠지. 지금쯤은 누군가가 들어와 도끼를 빼고 부처님 시봉을 하고 있겠지.'

이 생각 저 생각 하다가 어느 날은 심원사 부처님을 뵈옵고 와야겠다고 생각하며 절을 찾아갔다.

그런데 그날, 산청군에 새로 부임한 박영제(朴永劑)라는 원님이 심원사에 대한 이야기를 듣고는 "그럴 리가 있느냐. 내가 가서 한 번 빼

보리라." 하며 이방과 몇 명 권속들을 데리고 절을 찾아왔다.

원님이 심원사에 오신다는 소문에 온 동네 사람들이 절로 모여들었다. 원님께서 심원사에 와서 보니 과연 듣던 이야기대로 부처님의 이마에는 도끼가 박혀 있었다.

"참 괴이한 일이로구나." 하며 손으로 부처님 이마의 도끼를 잡으니 쑥 빠지는데 '화주시주상봉(化主施主相逢)'이란 글자가 도끼날에 쓰여 있었다.

그 글귀를 보는 순간 원님은 활연대오(豁然大悟)하였다. 그때야 원님은 전생의 자기를 볼 수가 있었다.

도끼를 뽑는 순간 구경꾼들 속에 있던 묘원스님은 원님 앞에 나아가 절을 하니 원님은 스님의 손을 잡으며 "스님! 나는 전생에 스님의 덕택으로 시주한 공덕이 있어 일자무식으로써 삼세에 받을 업보를 한 생으로 끝마치고 금생에 좋은 곳에 태어나 이런 벼슬을 하게 되었구려." 하며 스님과 함께 부처님 앞에 나아가 한없이 절했다. 얼마 후 부처님을 쳐다보니 도끼가 빠져 이마에 난 상처는 깨끗이 없어지고 이마에서는 백호광명이 빛났다. 이것을 본 원님은 간곡하게 말했다.

"스님! 다른 곳으로 가지 말고 나와 함께 이곳에서 공부합시다." 하며 스님을 붙잡았다. 구경하던 마을 사람들은 모두들 이제부터는 부처님을 정성껏 섬기기를 다짐하며 부처님께 절했다.

진심으로 시주한 공덕 덕분에 한 생은 머슴살이로, 한 생은 앉은뱅이로, 한 생은 눈 먼 장님으로 살아야 할 삼생(三生)의 악업 고통을 한 생으로 끝마쳤다 한다.

〈 출처 : 삼국유사 〉

▶ 보시 공덕은 결코 헛됨이 없습니다. 부처님께서는 수많은 생 동안 자신의 몸을 보시하며 수행을 거듭해 오셨습니다. 한 치의 원망이나 바라는 마음 없이 보시한 공덕은 한량없는 과보로 돌아오게 됩니다. 현실적인 문제에 부딪치게 되면 자신의 인과관계를 돌아보아야 합니다. 묘원스님의 수행공덕도 다시금 심원사에 만난 원님과 함께 지금도 빛을 발하고 있음을 새겨야 할 것입니다.

* 무재칠시(無財七施) : 재물이 없이도 남에게 베풀 수 있는 것

〈표 22〉 무재칠시

구분	내용
신시(身施)	몸을 이용해 남에게 봉사하는 것
심시(心施)	남에게 동정심 등 따뜻한 마음을 베푸는 것
안시(眼施)	남이 평온한 느낌을 받을 수 있도록 하는 것
안시(顔施)	온화한 얼굴 표정으로 남에게 도움을 주는 것
언시(言施	남에게 친절하고 따뜻한 말을 해주는 것
좌시(座施)	남에게 자리를 주거나 양보해 주는 것
방시(房施)	남에게 방, 집에 와서 쉬거나 묵게 하는 것

*사찰(寺刹)의 구조

▶ 절은 입구에서부터 시작해 부처님이 모셔진 곳까지 구성방식이 수직적 구조로 대부분 비슷합니다. 처음 일주문을 지나 천왕문, 불이문 그리고 주불이 모셔져 있는 전각 순으로 배치되어 왔습니다.

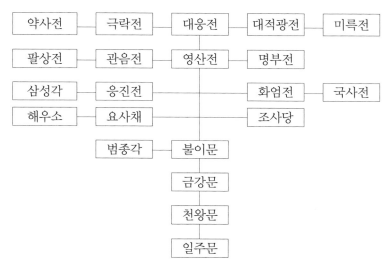

〈그림 12〉 사찰의 가람 배치순서

* 일주문(一柱門) : 사찰의 첫 번째 통과 문. 일심(一心)을 상징.

* 천왕문(天王門) : 불법수호 사천왕을 모신 건물

〈표 23〉 4천왕과 상징물

수호방위	동방	서방	남방	북방
명칭	지국천왕	광목천왕	증장천왕	다문천황
상징물	보검	삼지창, 보탑	여의주, 용	비파

* 금강문(金剛門) : 불법수호 '밀적 금강'과 '나라연 금강'을 모심

* 불이문(不二門) : 둘이 아니라는 의미. '해탈문(解脫門)'

* 사찰 전각(殿閣) 주불과 협시보살

〈표 24〉 사찰내 전각의 주불과 협시보살

전각	주불 (수인)	협시 불보살		수인
		좌	우	
대웅전 (大雄殿)	석가모니불 (항마촉지인)	문수보살	보현보살	
대적광전 (大寂光殿)	비로자나불 (지권인)	노사나불	석가모니불	삼신불
		문수보살	보현보살	
극락전 (極樂殿)	아미타불 (설법인)	관세음보살	대세지보살	무량수전 미타전
약사전 (藥師殿)	약사여래불 (시무외인)	일광보살	월광보살	만월보전, 유리광전,보광전
미륵전 (彌勒殿)	아미타불 (시무외인)			용화전, 자씨전
관음전 (觀音殿)	관세음보살			원통전 대비전
명부전 (冥府殿)	지장보살			지장전, 시왕전
응진전 (應眞殿)	16나한 500나한			나한전 (羅漢殿)
화엄전 (華嚴殿)	비로자나불	비로자나불 후불 탱화		화엄경 변상도
영산전 (靈山殿)	석가모니불	나한/ 영산회상도		
팔상전 (八相殿)	석가모니불	일생 8가지 그림		
삼성각 (三聖閣)		산신, 독성, 칠성		토속신수용
조사당 (祖師堂)		조사의 영정을 모신 곳		
요사채		스님들 생활 공간		
해우소 (解憂所)		화장실		정랑(淨廊)
적멸보궁 (寂滅寶宮)	진신사리			불상없음
국사전 (國師殿)		국사(國師)를 배출하고 모신 전각		송광사

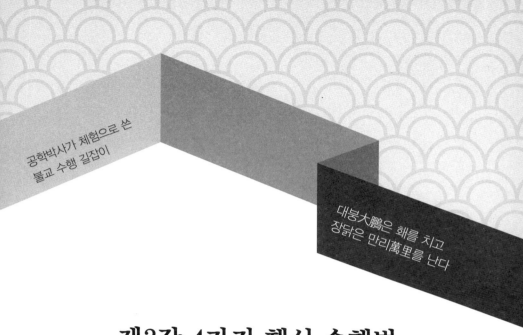

공학박사가 체험으로 쓴
불교 수행 길잡이

대붕大鵬은 홰를 치고
장닭은 만리萬里를 난다

제3장 4가지 핵심 수행법

수행자 門으로 들어가며

세상사는 왜 뜻대로 안 되는 일이 더 많을까요? 똑같이 공부했는데 우리 아이는 시험에 떨어지고 친구 아들은 합격합니다. 밤잠 안자고 열심히 일했는데 이번에도 승진자 명단에 누락되고 동기는 진급합니다. 또 어떤 이는 노력도 안하고 사람만 만나도 승진합니다. 가족들의 행복을 위해 늘 사랑으로 대했는데 화목하지 못합니다. 나름대로 잘 먹고 운동도 열심히 했는데도 몸이 아픕니다.

이러한 것들은 우리네 세상살이 중에서 어디서나 볼 수 있는 현상들입니다. 이것을 사바(娑婆)세계라고 합니다. 고통을 참고 견뎌야 한다는 의미가 있습니다. 그런데 단순히 고통을 참기만 한다고 해서 행복으로 바뀌지 않습니다. 근본적인 원인을 찾아내 과감히 끊어내야만 합니다. 이것을 수행이라고 합니다. 수행은 훌륭한 스승을 만나 가르침을 받거나 제대로 된 수행법을 알아야 합니다.

경허스님의 참선곡에서 경책하신 것처럼 '오늘 내일 가는 것이 죽을 날에 당도하니 푸줏간에 가는 소가 자욱자욱 사지로다'며 열심히 정진할 것을 강조하셨습니다. 금강경에서도 '보여지는 모든 것이 허상임을 알면 곧바로 여래를 본다.'고 했습니다.

이 길잡이는 일반인, 직장인, 재가불자들이 부처님의 가르침대로 수행하는데 도움이 되기를 바라는 서원을 세우고 만들었습니다. 본문의 절, 염불, 참선, 사경의 4가지 수행법을 실천하면 의식이 맑아지고 인과의 굴레가 가벼워지게 될 것입니다. 사찰이나 집에서 절차와 방법에 따라 꾸준히 수행하여 부디 궁극에 이르는 경지에 이르시길 발원합니다.

제1절 절 수행

미련한 몸뚱이의 속박으로부터 벗어나라

절(拜)은 몸을 구부렸다 폈다하는 굴신(屈身)을 통해 신업(身業)을 조복(調伏) 받습니다. 몸이란 무엇일까요? 죽지 않고 살기 위해 온갖 이익이 되는 일을 서슴없이 하는 물건입니다. 남에게 해가 되는 일이거나 생명을 빼앗아서라도 자신의 몸을 지탱하려 애를 쓰는 주체입니다. 그뿐이 아닙니다. 자기 몸이 느끼는 쾌락, 즉 지극히 짧은 즐거움을 위해 무엇이든지 하려는 미련한 물건이기도 합니다.

중생은 본래 아무 생각 없는 몸뚱이에게 즐거움을 느끼게 해주려고 무엇이든지 해 왔습니다. 눈으로 보고 귀로 듣고 코로 냄새를 맡으며 입으로 맛을 보고 몸을 편안하게 하려는 것에 거의 목숨을 겁니다. 어디 그뿐입니까? 누구에게서든 사실여부에 관계없이 좋은 소리만 들으려고 하니 한없이 어리석고 그저 걸어 다니는 고깃덩어리에 불과하지 않습니까?

생각해 보면 좋아 하는 영화나 사진, 춤, 공연은 물론 연인, 부모형제, 아이들을 비롯해 경치나 환경 등 보고 싶은 것에서 벗어나기가 어렵습니다. 소리는 또 어떻습니까? 자신의 처지를 대변하는 듯한 노래는 한번 빠지면 끊임없이 듣고 또 듣습니다. '사랑한다'는 소리를 듣고 싶어하니 만날 때마다 해 주고, '좋아한다'고 해주어야 안심하고 시시때때로 말해 줍니다. 한번이라도 상대방이

싫어하는 말을 하면 두고두고 원수가 되게 되니 이것도 실체가 없는 것임에도 이것에 묶여 살아가는 중생심이 안타깝기 그지 없습니다. 맛있는 음식은 좋다고 느끼는 것이 먹는 그 순간 뿐임에도 그것에 마음을 빼앗겨 TV에서는 '먹방'이 유행하고 심지는 '먹기 위해 산다'는 사람들까지 있습니다. 수행자는 그저 몸을 지탱하는데 필요한 양만큼의 음식을 먹습니다.

몸은 힘들고 고통스러운 일을 절대 하려하지 않습니다. 늘상 배가 부르고 편안하게 의자에 앉거나 누워 있기를 바랍니다. 그러다보니 비만이 오거나 오장육부(五臟六腑)에 병이 들어 고통을 당하게 됩니다. 그것을 알면서도 몸이 원하는 대로 맡겨두니 병으로 아파하며 살아가는 이들이 많습니다. 게다가 생각은 쉴 새 없이 일어나 남보다 좋은 명예를 갖고 군림하면 자신이 세상에서 제일인양 아만(我慢)에 차서 살아갑니다. 하지만 이것도 지극히 짧은 순간에 잠시 머물렀다가 사라지는 것임을 모릅니다. 중국 천하를 통일한 진시황제도 몇 년을 유지하지 못했는데 하물며 현대에 와서 높은 직위에 오른다 한들 얼마나 더 오래 살겠습니까?

몸속에는 송장과 부처가 함께 있다

이렇게 몸안에는 안이비설신의(眼耳鼻舌身意)가 들어 있어 쉽없이 고깃덩이에 불과한 몸을 위해주기를 바라고 있습니다. 이 몸은 벗어날 수 없는 숙세(宿世) 인과(因果)의 집이자 부처가 될 수 있도록 깨달음의 수행을 할 수 있는 그릇이기도 합니다. 숙세의 인과는 현재에 피할 수 없다고 하더라도 몸을 잘 쓰면 깨달음에 이를 수 있으니 어떻게 이끌고 갈 것인지 잘 살펴보아야 하지 않겠습니까?

여기서 깊이 자신의 몸을 생각해 보아야 합니다. 경허스님은 참선곡에서 '몸뚱이는 송장'이라고 했습니다. 살아서 걸어 다니고 보고 듣고 먹고 말하고 앉고 서고 잠도 자는데 분명히 송장이라고 했으니 죽은 시체가 그러고 다닌다는 것이란 뜻입니다. 깨닫지 못한 몸뚱이라 송장이라고 하는 것일 수 있지만 자신이 왜 그렇게 해야 하는지도 모르면서 행동을 하고 있으니 분명 살아도 살아있는 것이 아닌 것이 됩니다.

이 몸은 잠시도 불편하고 배가 고프거나 힘들 때 들어주지 않으면 짜증을 내고 움직이려 하질 않습니다. 춥거나 더운 날에 따뜻하게 해주지 않거나 시원하게 만들어 주지 않으면 역시 못 참겠다고 불평을 합니다. 그래서 맛있는 음식, 좋은 옷, 살기 편안 곳을 마련해 주고 지극 정성으로 보살피며 대해 줍니다.

어디 그뿐입니까? 늙어 가면 이빨과 머리가 빠지고 눈도 나빠지며 주름살이 생기고 허리도 굽어 갑니다. 이것을 돈 들여 틀니에 염색하고 가발을 쓰며 주름살을 제거하면서 늙지 않은 척 하지만 자신이 이제는 인연이 다 되어 더 살기 싫다고 하는 순간 목숨을 놓아버려 죽게 되니 그동안 살뜰히 살폈던 것이 아무 소용이 없게 됩니다. 모아 둔 재산이 많고 명예가 높다 해도 남편이나 아내, 자식들이 어떻게 손 써볼 여지가 없습니다. 그저 남들이 하는 대로 죽은 시체를 화장하던가 아니면 땅에 묻어 버리면 끝입니다.

절 수행으로 몸뚱이의 욕망을 굴복시키다

이렇게 허망한 몸뚱이를 어떻게 해야 할까요? 이것을 알아내는 것이 가장 큰 과제이지 않겠습니까? 그러려면 몸의 조복을 받아야 합니다. 자기 맘대로 하려는 이 몸뚱이를 내 의지대로 끌고 가서 본래 성품대로 살아가도록 하는 과정이 필요합니다. 이것이 절 수행의 필요성이자 이유입니다.

그러면 절 수행은 왜, 어떻게 하는가? 몸의 조복을 받아야 합니다. 몸뚱이가 하고자 하는대로 끌려가지 않도록 항복을 받고 본성을 찾아야 합니다. 이 힘든 과정을 가는데 몸이 깨달음의 방편으로서 중요합니다. 그래서 108배, 300배, 500배, 1,000배, 3,000배 그리고 10,000배씩 절을 하며 수행을 합니다. 어떻게 절을 해야 하는 것일까요?

여러 가지 방법이 있습니다만 불교신문에 실린 내용이 가장 적절하게 그림으로 설명되어 있어 인용합니다. 절은 준비, 절, 마무리로 통상 3단계를 거치게 됩니다.

① 1단계 준비

집안에서 통풍이 잘되는 방을 정하고 두툼한 방석을 준비합니다. 두툼한 방석은 무릎의 충격을 완화시켜 주기 때문입니다. 절하는 횟수를 세기위해 108염주나 계수기 등이 있으면 좋습니다. 만일 없을 경우에는 콩이나 쌀 같은 것을 작은 그릇에 넣고 108배를 하면서 하나씩 덜어 내는 방식도 좋습니다. 절하는 도중에 이마가 방석에 닿는 위치에 수건이나 다포를 깔고 합니다. 그러면 땀이 나도 닦을 수 있습니다. 물이나 간식을 준비해 많은 절을 하는 경우에는 중간에 쉬면서 체력을 보충합니다.

동작1 동작2 동작3

동작4 동작5 동작6

동작1.두손 모으기 / 동작2. 무릎 꿇고 앉기 / 동작3. 두 손으로 바닥짚기 /
동작4. 바닥에 머리대기 / 동작5. 머리들고 두손모아 앉기 / 동작6. 두손 모으고 일어서기

〈 그림 13〉 절하는 순서와 자세 −출처 KBS

② 2단계 절하는 순서와 방법

　－ 먼저 합장을 하고 곧은 자세로 서서 그대로 무릎을 굽히며 앉습
니다.

　－ 상체를 앞으로 숙이며 양손으로 바닥을 짚습니다.

　－ 팔을 굽혀 이마를 방석위에 가볍게 대고 양 손바닥을 귀 옆에까
지 들어 올립니다.

　－ 다시 손을 바닥으로 향해 짚고 바닥을 밀며 상체를 일으키고 무
릎을 세워 일어나 합장을 합니다.

　이것이 6단계 절하는 순서와 방법입니다. 이때 절을 한번 할 때마다
염주를 하나씩 돌려가며 숫자를 세고 동시에 불보살님의 명호를 부르
며 하는 것이 좋습니다. 그러면 신심도 강해지고 절하는 동안 힘도 덜

들게 됩니다. 단순히 절하는 것 만으로도 굴신운동 효과를 보게 됩니다. 염불을 같이 하면 절하는 동안에 삼매에 들 수 있습니다. 다시 말해 분노, 불안 등 수많은 번뇌 망상이 끊어진 상태에서 절을 하게 됩니다. 특히 500배 이상의 경우 초심자는 절이 어서 끝나길 바라며 지루한 생각을 내기도 합니다. 이때 오로지 '이 힘든 절이 언제 끝나는가?'하고 내는 한 생각으로 다른 번뇌 망상이 일어나질 않으니 참으로 큰 의미가 있는 수행인 것입니다. 108배나 300배는 한 번에 세어가면서 할 수 있지만 500배를 한 번에 하려면 상당기간 절 수행을 하여야 가능합니다. 그래서 500배는 3번에 나누어서 하는 게 좋습니다. 100배, 200배, 200배씩 하면서 사이사이에 5분 정도 쉬었다가 하면 힘도 덜 들고 지치지 않게 할 수 있습니다. 만일 숫자에 집착하지 않고 하고 싶다면 108배는 평균 15분 정도 걸리므로 500배를 한다면 통상 1시간 15분 정도면 끝낼 수 있습니다. 시계에 알람을 맞추어 두고 하면 절에만 집중하여 관세음보살 염불을 하게 되니 집중력도 높아지고 기도에 정진할 수 있습니다. 절을 하며 호흡을 신경 써야 하는데 내려갈 때 내쉬고 일어설 때 들이 쉬도록 합니다. 호흡과 동작은 가능한 일치하도록 천천히 호흡하고 절하는 것이 중요합니다.

③ 3단계 마무리

절이 끝나고 나면 회향을 합니다. 절한 공덕이 자신보다 다른 대중들에게 돌아가도록 발원하는 것입니다. 본인의 소망이 있다면 소망을 되뇌입니다. 방석과 다포 등 뒷정리를 하는 것으로 마무리 합니다. 필요하면 절 수행한 것을 데스크다이어리 등에 횟수, 장소, 난이도 정도 등을 기록해 둡니다.

절을 하게 되면 자신의 몸을 조복받아 업장의 소멸이 되고 장부운동이 활발해서 건강해 집니다. KBS에서 방영한 사례를 불교신문에 인용한 내용을 보면 '절을 통해 당뇨, 고혈압은 물론 심리적인 우울증도 개선'되었다고 합니다. 법우님들의 이해를 돕기 위해 기사 내용을 아래에 소개합니다.

〈KBS '생로병사'팀 첨단장치로 4주간 실험〉

108배와 걷기운동이 당뇨병 치료에 어떤 영향을 끼치는지 직접 실험을 했다. 수원 성빈센트 내분비내과 전문의 조재형 박사는 당뇨병을 앓고 있는 환자 12명에게 실험을 했다. 절 운동군과 걷기운동군으로 나눠 4주간 각각 운동을 실시한뒤 스트레스와 혈당 변화 등 여러 가지 몸의 변화를 알아보기로 했다.

4주간의 실험 뒤 결과는 놀라웠다. 108배 운동군 6명 중에서 5명에게서 혈당 개선 효과가 나타났다. 한 명은 혈당약을 끊을 정도로 호전됐다. 공복혈당의 경우 걷기군은 혈당 변화가 별로 없는 반면에 절하기 운동군에서는 226에서 187.2로 떨어졌다.

당뇨만 좋아진 것이 아니었다. 심전도 데이터도 놀라웠다. 참가자 모두가 108배를 통해 불면증이 줄어들고 가슴이 두근거리는 증상도 줄어들었다고 했다.

이미 108배가 건강에 좋을 뿐 아니라 비만 퇴치에도 탁월하다는 입소문은 널리 퍼져있었다. 108배를 10분간 실시하면 약 90kcal 정도의 열량이 소비된다. 이는 조깅을 하는 것과 비슷한 효과다. 108배를 하며 허리와 배를 지속적으로 접었다 펴는 굴신운동을 반복하기 때문에 위장과 대장등 소화기관들의 운동을 활발하게 돕는다.

* 보현보살의 십대원(十大願)

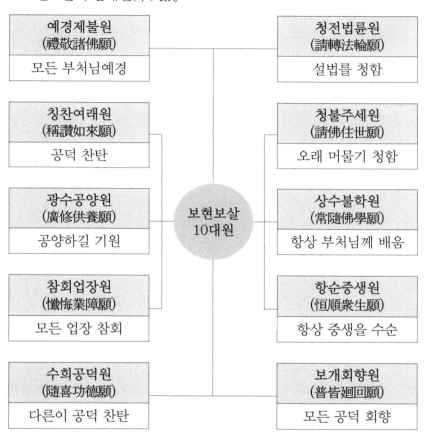

예경제불원 (禮敬諸佛願)	청전법륜원 (請轉法輪願)
모든 부처님예경	설법를 청함

칭찬여래원 (稱讚如來願)	청불주세원 (請佛住世願)
공덕 찬탄	오래 머물기 청함

보현보살 10대원

광수공양원 (廣修供養願)	상수불학원 (常隨佛學願)
공양하길 기원	항상 부처님께 배움

참회업장원 (懺悔業障願)	항순중생원 (恒順衆生願)
모든 업장 참회	항상 중생을 수순

수희공덕원 (隨喜功德願)	보개회향원 (普皆廻回願)
다른이 공덕 찬탄	모든 공덕 회향

〈그림 14〉 보현보살 10대 서원

유리태자와 석가족의 멸망

부처님께서 성도하신 후 녹야원에 계실 때 일이다.

파사익 왕은 부처님의 종족과 좋은 관계를 유지하려고 석가족 여인을 아내로 맞이하기 위하여 사신을 카필라성으로 보냈다.

석가족은 난폭한 파사익왕에게 그들의 딸을 시집보내고 싶지 않았지만 파사익왕이 침략할 것이라 거역할 수가 없었다. 석가족 마하남 왕은 자기 집 하녀 말리를 석가족 쳐녀라고 속이고 파사익왕에게 출가시켰다. 이렇게 해서 비유리왕자가 태어났다.

파사익 왕은 비유리 왕자를 매우 사랑하였다.

왕자가 여덟 살 때 외가인 카필라성으로 활쏘기를 배우러 보냈다. 마침 카필라성에서는 궁전을 새로 지어 부처님을 모시고 성대한 낙성식을 준비 중이었다. 그런데 어린 비유리왕자가 부처님의 연화좌에 앉으며 장난을 하자 화가 난 석가족 사람들이 비유리를 '노비소생이라 버릇이 없다'며 야단쳤다. 그리고 그가 앉았던 연화좌를 우유와 물로 씻었다.

자기가 석가족 노비의 아들이라는 사실을 알게 된 비유리왕자는 울분을 참으며 코살라국으로 돌아갔다. 비유리는 동행하였던 호고에게 "이 다음 왕위에 오르거든 오늘의 모욕을 반드시 갚아 주도록 일깨워 달라"고 하였다.

'저들이 내가 앉았던 자리를 우유와 물로 씻었지만, 내가 왕이 되면 저들의 피로 이곳을 씻어 줄 것이다' 라며 비유리왕자는 이 굴욕적인 일에 앙갚음할 것을 별렀다.

한편, 파사익 왕은 말라족 출신 '반둘라'를 군사령관으로 두었다. 그가 재판관들의 부패를 바로 잡았는데 파면한 재판관들의 모함을 듣고 파사익 왕은 반둘라와 그 일족을 몰살시켰다.

후일 파사익왕은 반둘라의 조카 '카라야나'를 보상으로 사령관으로 임명했는데 '카라야나'는 '반둘라'가 억울하게 처형된 것을 알고 복수의 기회를 엿보고 있었다.

파사익 왕은 말리 부인과 함께 기원정사를 찾아 법문을 들으러 갔다. 왕은 평소와 같이 기원정사의 문 앞에서 수레를 멈췄다. 칼은 풀어서 '카라야나'사령관에게 맡기고 부처님을 뵙고 그 유명한 '흰 쥐와 검은 쥐'의 법문을 들었다.

그때 '카라야나'장군은 시녀 한 사람과 말 한마리만 남겨두고 왕의 상징물을 가지고 회군하여 비유리를 왕으로 삼았다. 파사익왕은 비유리와 카라야나에게 축출당했다는 것을 알고 생질이자 사위인 아자따삿뚜에게 지원을 요청하기 위해 라자가하로 갔다. 그러나 이미 해가 진 뒤라 라자가하의 성문들이 굳게 닫혀 있었다. 파사익왕과 왕비는 지치고 배가 고파 무를 얻어먹고 있었는데 갑자기 복통이 나서 죽었다.

왕위에 오른 비유리는 석가족에게 앙갚음을 실행에 옮겼다. 부처님께서는 비유리가 석가족을 정벌하기 위하여 출병하였다는 소식을 듣고 코살라국 병사들이 오는 길목에 있는 한 고목나무 밑에 결가부좌하고 앉아 계셨다. 이러한 모습을 본 비유리왕이 부처님께 물었다.

"세존이시여, 잎이 무성한 나무 숲을 놓아두고 어찌하여 말라버린 고목 밑에 계십니까?"

"비록 일곱 그루의 무성한 나무그늘이 있다고 해도 무성함이 어찌 영원하겠습니까? 나는 가시나무 밑에 앉아도 편안하기만 합니다. 친족이 다치는 것이 가엾기 때문입니다."

부처님의 말씀을 듣고 찔리는데가 있었던 비유리는 물러갔다. 그러나 호고가 '어릴때 당한 모욕을 잊지 말라'고 하자 비유리는 2차, 3차 침공하였고 그때마다 부처님께서 막아 주셨다.

세 번째 마른 나무 아래에서 돌아오신 부처님의 얼굴과 몸에서는 광채가 사라지고 옷 빛깔이 변하였다. 아난다가 여쭈었다.

"세존을 모신 지 여러 해가 되지만, 지금과 같은 변화는 일찍이 보지 못했습니다." 부처님께서 말씀하시었다.

"지금부터 7일 뒤 석가족이 멸망할 것이기 때문이다."

목건련과 아난다등이 신통력으로 비유리의 진군을 막으려 하였으나 부처님께서는 오히려 만류하셨다. '눈앞에서 벌어지는 싸움이야 일시적으로 막을 수 있으나 깊이 맺혀있는 숙세의 원한 관계는 신통력으로도 막을 수 없다'는 것이다.

부처님께서는 목건련에게 "설사 하늘을 땅으로 만들고 다시 땅이 뒤집어 하늘을 만들 수 있다고 해도 과거생에 꽁꽁 묶인 인연이야 어찌 없앨 수 있겠느냐"고 말씀하시었다. 그럼에도 목건련 존자는 신통력(神通力)으로 석가족 5백 명을 발우 안에 넣어 공중에 띄워 그들을 구하려 했지만, 발우를 내려놓으니 모두 피를 흘리고 죽어 있었다.

드디어 비유리왕은 막강한 코살라국의 군대를 몰고 카필라성으로 침공하였다. 비유리왕은 성난 코끼리를 풀어 석가족을 밟아 죽이도록 명했다. 이때 9천 9백 9십만 명의 석가족이 살해되어 피가 냇물을 이루었다. 당시 석가족의 마지막 왕이었던 마하남왕은 석가족의 비참한 최후를 차마 볼수가 없어 비유리왕에게 간청하였다.

"내가 저 연못의 물속에 들어갔다 나오는 동안만이라도 석가족이 마음 놓고 피할 수 있도록 해주시오"

비유리왕은 마하남의 그 제의가 재미있는 일이라 생각하고 허락했다. 그러나 물속에 들어간 마하남왕이 한참이 지나도나오지 않자 이상하게 여긴 비유리왕은, 병사를 시켜 연못의 물을 다 퍼내도록 하였다.

바닥이 드러난 연못 속의 마하남왕은 머리를 풀어 나무뿌리에 묶고 나무를 껴안은 채 죽어 있었다. 보고를 받은 비유리왕은 군사를 돌려 본국으로 돌아갔다. 이때 석가족 처녀 500명이 끌려 가다가 비유리왕에게 욕보이는 걸 거부하여 모두 손발이 잘려 죽었다.

부처님과 제자들이 카필라성에 이르러 보니, 그 참혹함이란 눈 뜨고 볼 수 없을 정도였다. 부처님께서는 여기 저기 버려진 시체들을 묻어주고 죽은 석가족 여인들을 위해 법문을 해주셨다.

"만나는 것은 반드시 헤어지는 법이다. 이 몸이 있었으므로 이러한 고통을 받는 것이다. 그러므로 다시 윤회하는 몸을 받지 말아야 한다. 태어남이 있어 늙음과 병듦과 죽음이 있고 근심, 걱정, 번뇌, 망상, 고통과 괴로움이 있게 되는 것이다. 그러므로 애착을 버리고 윤회를 벗어나라. 그러면 이러한 고통은 다시는 없을 것이다." 부처님께서 인과 법문을 하시고 난 뒤 신통력으로 관찰하여 보니 석가족 여인들이 원망을 버리고 법안을 얻어 천상에 태어났음을 아셨다.

"일체의 모든 존재는 영원하지 못하다. 태어난 것은 반드시 죽는다. 그러므로 태어남이 없으면 괴로운 죽음도 없게 된다. 생사를 벗어난 이것이 최상의 즐거움이다."
부처님께서는 다시 제자들에게 말씀하셨다.
"비구들아 앞으로 7일 안에 비유리 왕과 그를 따른 군사들은 현세에서 과보를 받을 것이다."

비유리왕은 자신과 부하들이 7일안에 과보를 받고 죽게 될것이라는 소리를 전해 듣고는 걱정이 되었다. 왕은 부처님께서 결코 빈말을 하시지 않는다는 것을 알고 있었기 때문에 근심과 걱정으로 하루하루를 보냈다. 그런데 별일 없이 7일이 지나자 호고가 왕을 찾아 와서 강으로 야유회 갈 것을 권유했다.

비유리왕은 호고의 말대로 강가로 가서 낮 동안을 보내도 아무 일이 없자 그날 밤 야영을 했다. 그러나 한밤중에 갑자기 폭풍이 불고 폭우가 쏟아져 비유리왕과 군사들 대부분이 물에 빠져 죽었다. 성안의 궁전은 벼락을 맞아 불에 타버렸다. 그때 제자들이 석가족과 비유리왕에게 무슨 악연이 있었느냐고 묻자 그 인연담을 말씀하셨다.

"옛날 라자가하에 한 어촌이 있었다. 어느 해 흉년이 들어 사람들은 풀뿌리를 먹고 살았는데, 금 한 되로 쌀 한 되를 바꿀 정도로 곡식이 귀하였다. 그곳에 큰 연못이 있었는데 라자가하 사람들이 그 연못의 물을 퍼내고 고기를 모두 잡아먹었다.

거기에는 두 종류의 물고기가 있었는데 구소와 양설이었다. 그 물고기들은 "우리는 잘못이 없고, 땅에 살지도 않는데 우리를 마구 잡아먹으니 장차 우리가 복을 지으면 원수를 갚자"고 하였다. 그 때 어촌에는 여덟 살짜리 아이가 있었는데, 그는 고기를 잡지도 않고 죽이지도 않았다. 그러나 언덕 위에서 물고기를 잡고 죽이는 것을 보고 재미있어 하였다.

비구들이여, 그 때 어촌의 사람들이 바로 지금의 석가족이요, 구소라는 물고기는 지금의 비유리왕이었고, 양설이라는 물고기는 호고였으며 그 때의 어린아이가 바로 나였느니라. 나는 그 때에 물고기들이 죽어 가는 것을 보고 재미있어 하였기 때문에 지금 석가족의 비참한 죽음을 보게 되었고 큰 괴로움을 받느니라."

그 때가 부처님께서 78세 되시던 때였다.

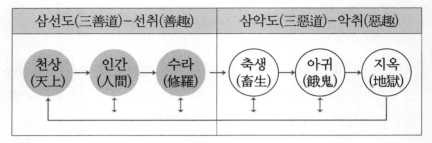

〈출처 : 六度集經 第五〉

〈그림 15〉 중생의 육도윤회 순서도

자성이 스스로 깨닫는 문을 열다

염불의 요체는 불보살님의 명호를 부르는 것입니다. 잡념 없이 명호를 부르게 되면 삼매에 들게 됩니다. 오히려 참선보다 더 용이한 방법 중 하나이고 수많은 사례가 있습니다. 대표적인 것이 수월스님이요, 일타스님의 외할머니의 경우입니다. 수월스님은 대다라니로, 일타스님의 외할머니는 관세음보살 염불로 모두 삼매에 들었습니다. 두분 다 근대의 일입니다.

그러면 염불수행의 대상은 무엇이 적합할까요? 크게 보면 불보살님과 진언이 있습니다. 불보살님은 석가모니부처님, 아미타불, 관세음보살, 지장보살님 그리고 신중단의 화엄성중 등이 대표적입니다. 여기에는 깨달음과 극락왕생 그리고 현세고난 극복의 염원이 담겨져 있습니다. 예를 들어 간절한 깨달음을 구하고자 하는데는 삼계의 스승이요 사생의 자부이신 석가모니 부처님의 가피가 제일이지 않겠습니까? 그렇다면 석가모니 부처님 정근을 하는 것이 제일일 것입니다. 만일 서방 극락정토에 태어나길 바란다면 아미타부처님을 부르며 기도합니다. 그보다는 현재 생활의 어려움을 극복하거나 소망을 이루고자 하는 경우에는 관세음보살님을 많이 찾습니다. 극락왕생을 기원하다 보면 지옥 중생이 성불할때까지 부처되기를 미루고 계신 지장보살님

염불을 합니다. 또 수행정진을하는 도중에 삿된 마장을 없애고자 한다면 능엄주나 화엄성중 기도를 하는 것도 좋습니다.

그럼에도 가장 중요한 것은 수행자의 마음가짐입니다. 대자유인이 되려고 하면서 귀신과 같은 삿된 존재에 끄달리거나 무속이나 역술과 같은 것에 매달린다면 바람직하지 않습니다. 모든 것이 마음작용이기 때문에 잠시 물러나 생각해 보면 어떻게 마음 먹고 수행하느냐가 제일 중요합니다. 그리고 진언은 밀교적 성격에 강하지만 오랜 기간 수행자들이 의지해 온 수행법입니다. 대표적인 것이 대다라니와 6자 진언입니다. 천수경의 요체이기도 합니다. 대다라니는 '신묘장구대다라니라'는 이름이 의미하듯 신묘한 공덕이 있어 과거의 업장을 소멸하고 소망하는 바를 이루어지는 진언으로 알려져 있습니다. 수월스님도 7일 주야의 이 진언 수행 끝에 불망지의 지혜를 얻었다고 합니다. 6자 진언은 옴마니반메훔으로 구성되어 있습니다. 여섯글자를 부르는 순간순간 의식을 일치시키면서 일정기간 수행하면 본인도 모르는 사이에 일체 중생에 대한 자비심이 생기고 지혜가 열릴 뿐 아니라 업장이 소멸되고 소망이 성취됩니다. 준제진언은 원하는 모든 것을 성취케 하는 진언입니다. 여기서 중요한 것은 이 세가지가 천수경에 모두 다 들어 있는 것입니다. 천수경 요체는 관세음보살님의 위신력에 의지해서 깨달음을 얻고자하는 예불문이기도 합니다. 결국 세가지 염송은 관세보살님이 전해주신 미묘한 방편인 것이니 의지해 수행하면 가피가 있을 것입니다.

구분	대상		비고
	부처님	보살님	
정근(精勤)	석가모니불 아미타불 약사여래 미륵불	문수, 보현 관음, 지장	화엄신장 500나한
주력(呪力)	대다라니, 능엄주		
진언(眞言)	6자진언, 준제진언		

염불수행 전에 준비할 것

절에서는 아침저녁 예불이 끝나고 난 뒤 독송을 합니다. 집에서의 염불 수행은 다음과 같은 순서로 준비를 하고 진행합니다.

① 먼저 방을 깨끗이 청소한다.

② 염불할 장소를 정해 벽면을 향해 가부좌를 하고 앉는다. (신심이 깊어지면 3배 후 앉는다)

③ 벽에서 50~100센티정도 떨어져 앉는 것이 좋다.

④ 허리를 곧게 펴고 시선을 정면을 바라본다.

⑤ 두손은 합장을 한다.(또는 가볍게 양 무릎 위에 올려 놓는다)

⑥ 불보살님의 명호, 다라니, 진언을 소리내어 부름과 동시에 의식은 소리 하나하나에 집중한다.(이 부분이 가장 중요하다. 그 와중에 생각이 들어와 자리 잡는 망상이 없도록 한다)

⑦ 그 외에 불상을 모신다던가 '佛'자가 쓰여진 액자나 관음보살님 상

을 전면에 두고 해도 좋으나 없으면 일부러 사서 할 필요는 없다. 향과 초가 있다면 창문을 조금 열어두고 초를 켜고 향을 피운다.(일부러 사서 할 필요는 없다)

염불하는 순서는 어떻게 되는가?

먼저 예불의식을 진행하는 것이 중요합니다. 의식은 부처님의 가르침에 따라 정한 예불순서대로 진행합니다. 그중에서도 천수경은 가장 많이 사용되는 경전이니 처음부터 한 번 읽은 후에 염불하게 되면 신심도 굳어지고 절차에도 맞습니다.

① 벽을 향해 서서 3배를 한다.(불보살님이 앞에 있다고 염한다)

② 자리에 앉는다.(방석은 가능한 얇은 것 이용)

③ 오분향례를 한다.(시간이 없을 경우 지심귀명례부터 생략)

   – 계향, 정향, 혜향, 해탈향, 해탈지견향

   – 헌향진언 : 옴 바아라 도비야 훔(3번)

   – 개경게

      무상심심 미묘법, 백천만겁 난조우,

      아금문견 득수지, 원해여래 진실의

   – 개 법장진언 : 옴 아라남 아라다(3번)

④ 정구업 진언 : 수리수리마하수리 수수리 사바하(3번)

⑤ 오방내외 안위제신 진언

   – 나무 사만다 못다남 옴 도로도로 지미 사바하(3번)

⑥ 신묘장구대다라니 염송 : 최소 7독

나모라 다나다라 야야 나막알약 바로기제 새바라야 모지사다 바야 마하사다바야 마하가로 니가야 옴 살바 바예수 다라나 가라야 다사명 나막 까리다바 이맘알야 바로기제 새바라 다바 니라간타 나막하리나야 마발다 이사미 살발타 사다남 수반아예염 살바보다남 바바말야 미수다감 다냐타 옴 아로계 아로가 마지로가 지가란제 혜혜하례 마하모지 사다바 사마라 사마라 하리나야 구로구로 갈마 사다야 사다야 도로도로 미연제 마하미연제다라다라 다린나례 새바라 자라자라 마라미마라 아마라 몰제예혜혜 로계새바라 라아 미사미 나사야 나베사미사미 나사야 모하자라 미사미 나사야 호로호로 마라호로 하례바나마 나바사라사라 시리시리 소로소로 못쟈못쟈 모다야 모다야 매다라야 니라간타 가마사 날사남 바라 하라나야 마낙사바하 싯다야 사바하 마하싯다야 사바하 싯다유예 새바라야 사바하 니라간타야 사바하 바라하 목카싱하 목카야 사바하 바나마 하따야 사바하 자가라욕다야 사바하 상카섭나네 모다나야 사바하 마하라 구타다라야 사바하 바마사간타 이사시체다 가릿나이나야 사바하 먀가라 잘마이바 사나야 사바하 나모라 다나다라 야야나막알야 바로기제 새바라야 사바하(3번)

⑦ 관세음보살 본심 미묘 6자 대명왕 진언 : 최소 30분

– 옴마니반메훔

⑧ 염불이 끝나고 난 뒤 발원을 한다.

수월스님의 천수 대다라니 주력

8.15해방후 내가 해인사로 출가했을 무렵에는 어른들이 공부방법에 대해 특별히 말씀해 주시지 않았습니다. 다만 '옛날 어른들은 이렇게 공부하셨다, 저렇게 공부하셨다'는 이야기를 들려주셨을뿐 화두공부가 어떤 것인지 주력공부가 어떤 것인지 구체적으로 가르쳐 주시지 않았습니다.

강원에서 처음 글을 배울 때는 30명 가량이 함께 출발하여 초심반과 치문반으로 나뉘어졌는데, 당시 강사를 맡았던 나의 은사 고봉(高峰)스님께서는 마을서당에서 글을 가르치는 식으로 그날 배운글을 그날 암송시켰습니다.

예불의식도 책을 갖고 가면 어른들이 한번 읽어주시고 '따라 읽어라'하면 따라 읽고 '여기까지 외워라'하면 그 다음날까지 암송하는 식으로 공부를 배웠습니다. 그당시 해인사에는 우리 용성문중의 사숙님 되시는 월주스님이 계셨습니다. 예식에 밝고 경에도 밝으셨고 정진을 아주 잘 하신분이셨는데 강원의 학인들이 글을 못외워 쩔쩔매고 하루종일 책상머리에서 끙끙거려도 암송을 못하는 학인들에게 늘 말씀하셨습니다.

"말세에 태어나서 업장이 두텁고 박복한 중생들이 업장 참회할 생각은 않고 까불거리고 있으니까 공부에 무슨 진척이 있겠느냐? 옛날 어른들은 천수다라니를 해서 업장소멸하셨다. 그리고는 수월(水月.1855~1928)스님께서 천수주하여 깨달음을 이룬 이야기를 들려주셨습니다.

수월스님은 충남 홍성에서 태어나셨는데 아버지 어머니가 모두 세 살 안에 돌아가셔서 외삼촌 집에 의지하여 살았습니다. 모두가 가난했던 조선 말기에 내가족들도 못먹여 살리는 형편이었으므로 외삼촌은 남의 눈도 있고 하여 생질을 데려다 놓았지만 부담도 되고 힘도 들어 머슴처럼 부렸습니다. 20세가 넘어 가면서 스님은 동네사람들이 남녀 할 것 없이 모두 결혼하여 아이를 업고 다니는 것을 보고 생각했습니다.

'이렇게 사느니 산골로 들어가 중노릇을 하며 살리라'결심을 한 그는 서산 천장사(天藏寺)로 출가하여 성원(性圓)스님 제자가 되었지만 배우지 못한데다 머리까지 둔하여 불경을 배워도 쉽게 이해하지를 못했습니다. 성원스님이 예불문을 일러 주면서 '따라 읽어라'고 하면 따라 읽었지만 '혼자서 읽어보라'고 하면 한구절도 못 외우는 것이었습니다. 몇 번을 그렇게 해보다가 은사 성원스님은 글을 가르치는 것을 포기하고 땔나무를 해오는 부목(負木), 밥을 짓는 공양주(供養主)등의 소임을 3년 동안 맡겼습니다.

그런데 기적 같은 일이 벌어졌습니다. 수월스님이 불공할 때 올릴 마지를 지어 법당으로 갔을 때 마침 부전스님(불공을 주관하는 스님)이 신묘장구대다라니를 송(頌)하고 있었습니다.

"나모라다나다라야야바로기제새바라야모지사다바야…나모라다나다라야야나막알약바로기제새바라야사바하."

스님은 이를 한번 듣고 모두 외울 수 있었습니다.

그토록 머리가 좋지 않다고 구박을 받았는데, 총 442글자의 신묘장구대다라니가 저절로 외워진 것입니다. 이후스님은 나무를 하러 가거나 밥을 짓거나 마냥 신묘장구대다라니를 흥얼거리며 다녔습니다.

그러던 어느 날 은사 성원스님이 법당에서 불공을 드리다가 마지 오기를 기다리고 있는데 당연히 제시간에 와야 할 마지는 한참이 지나도 오지 않고 밥 타는 냄새만 절 안에 진동하는 것이었습니다. 이상하게 여겨 부엌으로 찾아간 성원스님은 전혀 예상 밖의 광경을 목격하게 되었습니다.

수월스님이 신묘장구대다라니를 외우면서 계속 아궁이에 장작을 넣고 있는 것이었습니다. 밥이 까맣게 탄 것이 문제가 아니라 솥이 벌겋게 달아 곧 불이 날 지경이었습니다. 그야말로 무아지경 속에서 대다라니를 외우고 있었던 것입니다. 이를 본 성원스님은 수월스님에게 방을 하나 내어주면서 말했습니다.

"오늘부터 너에게 이방을 줄터이니 마음껏 대다라니를 외워 보아라. 배가고프면 나와서 밥을 먹고 잠이 오면 마음대로 자거라. 나무하고 밥 짓는 일은 내가 알아서 처리할테니…"

수월스님은 '감사하다'는 말 한마디를 남기고 가마니 하나를 들고 방으로 들어가서 문짝에 달았습니다. 빛이 안으로 들어오지 못하도록 한 것입니다. 그리고 신묘장구대다라니를 외우기 시작했습니다. 방밖으로는 밤낮없이 대다라니를 외우는 소리가 울려 나왔을 뿐 물마시거나 화장실을 가러 나오지도 않았습니다.

그리고는 8일째 새벽 성원스님이 예불을 마치고 방에 들어 가려는데 그 소리가 딱 그쳤습니다. 그때 수월스님이 방을 뛰쳐나오며 소리쳤습니다.

"스님, 스님! 이겼어요. 이겼어요."

"뭐라고했느냐?"

"스님, 제가 이겼어요. 잠귀신이 '너한테 붙어 있다가는 본전 못찾겠다'고 하면서 멀리 가버렸어요. 잠귀신이 도망갔어요. 스님, 제가 이겼어요."

은사스님은 수월스님이 기도를 하다가 미친 것이라 생각하고 호된 꾸중을 하였습니다. 그러자 수월스님이 질문을 던졌습니다.

"관세음보살께서 합장하고 서 있는 뜻이 무엇입니까?"

"나는 그걸 모른다."

"어딜가야 답을 들을 수 있습니까?"
"동학사에 경허(鏡虛)사숙님이 계신다. 그 스님께 여쭈어보아라."
"가도됩니까?"
"도시락은 내가 싸줄테니 짚신은 네가 삼아라."

수월스님은 서산의 천장암에서 동학사까지 걸어가 경허스님의
방문을 열고는 여쭈었습니다.
"관세음보살께서 합장하고 서 있는 뜻이 무엇입니까?"
경허스님이 답을 해주시는데 뜻이 서로 상통하였고 거기에서수월스
님은 깨달음을 얻었습니다.

이렇게 수월스님은 천수삼매(千手三昧)를 증득하여 무명(無明)을
깨뜨리고 깨달음을 얻었을 뿐 아니라 불망념지(不忘念智)를 증득하게
되었습니다. 이전까지는 글을 몰라서 경전을 읽지도 못하고 신도들의
축원도 쓰지 못하였지만 불망념지를 이룬 후부터는 어떤 경전을 놓고
뜻을 물어도 막힘이 없게 되었다. 수백명의 축원자 이름도 귀로 한번
들으면 불공을 드릴 때 하나도 빠짐없이 외웠다고 합니다.

그리고 천수삼매를 얻은 뒤에도 참선 정진을 꾸준히 계속하였는데 '
잠을 이겼다'는 그 말씀대로 일평생 잠을 자지 않았다고 합니다.

말년에는 백두산 간도지방 등에서 오고 가는 길손들에게 짚신과 음
식을 제공하며 보살행을 실천했던 수월스님! 오늘날까지

자비보살이요 숨은 도인으로 추앙 받고 있는 수월스님의 도력은 신묘장구대다라니 기도에서 비롯되었던 것입니다.

〈출처 : 불교 수행법과 나의 체험/우룡큰스님〉

노힐부득과 달달박박의 깨달음

옛날 신라 종산으로 알려진 백월산(지금 경남 창원 소재) 아래 한 마을에 노힐부득과 달달박박이란 두 청년 선비가 살고 있었다.

풍채가 좋고 골격이 범상치 않은 두 청년은 속세를 초월한 높은 이상을 지닌 좋은 친구였다. 이들이 20세가 되던 어느 가을날. 두 사람은 백월산에 올라 먼 산에 곱게 물든 단풍을 바라보며 사색에 잠겨 있었다. 이때 부득이 먼저 입을 열었다.

"여보게, 우리가 이렇게 평범한 생활에 만족하며 평생을 지낼 수는 없지 않은가?"

"자네도 그런 생각을 하고 있었군. 나도 동감일세"

두 청년은 그날 함께 출가할 것을 결심, 그길로 마을 밖 법적방(창원에 있던 절)에 가서 머리 깎고 스님이 되었다.

그 후 부득은 해진암에, 박박은 유리광사에 각각 터를 잡은 뒤 처자를 데리고 와서 밭을 일구며 정신수양을 했다. 양쪽 집이 서로 왕래하며 오손도손 재미있게 지냈으나 두 사람은 속세를 떠나고 싶은 마음을 잠시도 버리지 않았다.

"아내와 자식들과 함께 지내며 의식이 풍족하니 좋기는 하지만 연화장 세계에서 여러 부처가 즐기는 것만 못하네. 더구나 불도를 닦아 참된 것을 얻기 위해 머리를 깎았으니 마땅히 몸에 얽매인 것을 벗어 버리고 무상의 도를 이루어야 할 것일세"

추수를 끝낸 어느 날 밤. 두 사람은 장차 깊은 산골짜기에 숨어 공부할 것을 다짐했다. 그날 밤 두 사람은 꿈을 꾸었다. 백호의 빛이 서쪽에서 오더니 그 빛 속에서 금빛 팔이 내려와 두 사람의 이마를 쓰다듬어 주는 상서로운 꿈이었다.

이튿날 아침, 서로 꿈 이야기를 하던 두 사람은 똑같은 꿈을 꾸었음에 감탄과 놀라움을 금치 못했다. 이들은 드디어 백월산 무등곡으로 들어갔다. 박박은 북쪽에 판자집[판방]을 만들어 살면서 '아미타불'을 염승했고 부득은 동쪽고개의 돌무더기아래 방(뇌방)을 만들어 살면서 '미륵불'을 성심껏 구했다.

그렇게 3년이 지난 경덕왕 8년(709) 4월 8일, 해가 뉘엇뉘엇 서산에 걸릴 무렵, 20세 안팎의 아름다운 한 낭자가 난초 향기를 풍기면서 박박이 살고 있는 판방으로 찾아들었다. 그녀는 말없이 글을 지어 박박스님에게 올렸다.

"갈 길 더딘데 해는 져서 먼 산에 어둠이 내리니
길은 막히고
성은 멀어 인가도 아득하네.

오늘 이 암자에서 자려 하오니
자비스런 스님은 노하지 마소서"

글을 읽은 박박은 생각할 여지도 없이 한마디로 거절했다.

"절은 깨끗해야 하므로 그대가 머물 곳이 아니오.
지체하지 마시고 어서 다른 곳으로 가보시오."
낭자는 다시 부득이 살고 있는 남암으로 찾아갔다.
"그대는 이 밤중에 어디서 왔는가?"
"맑고 고요하기가 우주의 근본 뜻과 같거늘 어찌 오고감의 경계가
있겠습니까. 다만 어진 스님의 뜻이 깊고 덕행이 높다는 풍문을 듣고
보리를 이루는데 도움을 드릴까 해서 찾아왔습니다."

이렇게 답한 낭자는 다음과 같이 계송을 읊었다.
"해 저문 깊은 산길에
가도 가도 인가는 보이지 않네.
대나무와 소나무 그늘은 그윽하기만 하고
시내와 골짜기에 물소리 더욱 새로워라.
길 잃어 갈 곳 찾는게 아니고
대사를 인도코자 함일세.
원컨대 내 청은 들어주시고
길손이 누구인지 묻지 마오."

부득은 이 게송을 듣고 내심 몹시 놀랐다.

"이곳은 여자와 함께 있을 곳은 아니나 이 깊은 산골짜기에서 날이 어두웠으니 어찌 모른 체할 수 있겠습니까. 어서 안으로 드시지요."

밤이 깊자 부득은 자세를 바르게 하고 희미한 등불이 비치는 벽을 마주한 채 고요히 염불삼매에 들었다. 새벽녘이 되자 낭자는 부득을 불렀다.

"스님, 제가 산고가 있으니 스님께서 짚자리를 준비해 주십시오."

부득이 불쌍히 여겨 자리를 마련해 준 뒤 등불을 비추니 낭자는 이미 해산을 끝내고 다시 목욕하기를 청했다. 부득은 부끄러움과 두려움이 일었으나 어쩔 수 없이 물을 덥히고 낭자를 통안에 앉혀 목욕을 시키기 시작했다. 그때였다. 통속 물속에서 향기가 나기 시작하더니 목욕물은 점차 금물로 변했다.

"아니···."
부득이 놀라 크게 소리치니 낭자가 조용히 미소를 지으며 말했다.
"우리 스님께서도 이 물에 목욕을 하시지요."

마지못해 낭자의 말에 따라 목욕을 한 부득은 또 다시 크게 놀랐다.
갑자기 정신이 상쾌해지더니 자신의 살결이 금빛으로 변하는 것이 아닌가. 그리고 옆에는 연화좌가 하나 마련돼 있었다.
"나는 관음보살이오. 대사를 도와 대보리를 이루게 한 것입니다."

말을 마친 낭자는 홀연히 자취를 감추었다.

한편 북암의 박박은 날이 밝자

"부득이 지난밤 필시 계를 범했겠지. 가서 비웃어 줘야지."

하면서 남암으로 달려갔다.

그런데 이게 어찌된 일인가. 부득은 미륵존상이 되어 연화좌 위에 앉아 빛을 발하고 있지 않는가.

박박은 자기도 모르게 머리를 조아려 절을 하며 물었다.

"어떻게 해서 이리 되셨습니까?"

부득이 그간의 사정을 말하자 박박은 자신의 미혹함을 탄식했다.

"나는 마음에 가린 것이 있어 부처님을 뵙고도 만나지 못했구려. 먼저 이룬 그대는 부디 첫 정을 잊지 말아 주시오."

"통속에 아직 금물이 남았으니 목욕을 하시지요."

박박도 목욕을 하고 무량수를 이루었다.

〈출처 : 삼국유사〉

인연
이야기
8

나옹선사와 누님의 깨달음

나옹스님은 천성산 원효암에 한동안 머물렀다. 이 때 나옹스님의 누님은 틈만 나면 동생을 위해 밑반찬을 만들어 암자로 찾아와 함께 공양을 들며 혈육지정을 나누고 돌아가곤 했다.

그런데 나옹스님의 누님은 염불은 하지 않고 극락 가기만을 희망했다. 그런 누님에게 나옹스님은

"경전도 읽고 염불도 배워 마음공부를 열심히 하시라"고 청했으나, 누님은 늘 말하기를

"동생이 이미 득도하여 높은 경지의 고승이고 왕사인데, 누나인 내가 새삼스레 무엇 하러 공부한단 말이오. 동생이 설마 나를 제도해 주지 않겠소."하며 한사코 불법 닦기를 게을리 했다.

그래서 나옹스님은 어느 날 맛깔스런 반찬을 차려놓고 점심공양을 들며 누님을 초대했다. 스님은 누님에게 '같이 들자'는 말 한마디 하지 않고 혼자서 공양을 계속 하는 것이었다. 평소와 다른 나옹의 태도에 누님은 내심 부아가 치밀었지만 스님이 공양을 끝내기를 기다린 후에 뽀로통해 물었다.

"스님, 이 누나는 배가 고픈데 왜 같이 먹자는 말도 없이 혼자만 드시는 것이오."

"누님, 누님의 동생인 내가 배가 부르면 누님은 안 자셔도 저절로

배가 부르는 게 아니오?"

"식사는 스님 혼자서만 하는데 어째서 내 배가 부르겠소. 놀리지 마시오."

"그러면 염불은 내가 하는데 누님이 어떻게 극락에 갈 수 있다고 생각하십니까?"

그제야 이치를 깨닫게 된 누님은 간절하게 물었다.

"내가 죽어 극락에 왕생하려면 어떻게 해야 합니까?"

이에 나옹스님은 아래의 게송을 누님에게 일러 드린다.

아미타불재하방 (阿彌陀佛在何方)

착득심두절막망 (着得心頭切莫忘)

염도염궁무념처 (念到念窮無念處)

육문상방자금광 (六門常放紫金光)

아미타여래는 어느 곳에 계시는고?

마음속에 깊이 새겨 간절히 잊지 말지니,

생각하고 생각하여 무념처에 이르면

육근의 문에 항상 자색광명이 빛나리라.

이에 누님은 간절한 마음으로 밥을 하면서도 빨래를 하면서도 '나무아미타불'을 염불했다. 마음을 집중하여 일념으로 잠시도 쉬지 않고 한결같이 정진했다.

그러던 어느 날 누님은 일순간 아미타불이 계신 곳이 여섯 문으로 드나드는 바로 '내 마음'임을 확연히 깨닫고 환희에 찬 마음으로 태어남과 죽음을 한 조각 뜬 구름(浮雲)에 비유하여 그 경지를 다음의 시구로 노래했다.

부운(浮雲) - 뜬 구름

공수래공수거시인생 (空手來空手去是人生)

생종하처래 (生從何處來)

사향하처거 (死向何處去)

생야일편부운기 (生也一片浮雲起)

사야일편부운멸 (死也一片浮雲滅)

부운자체본무실 (浮雲自體本無實)

생사거래역여연 (生死去來亦如然)

독유일물상독로 (獨有一物常獨露)

담연불수어생사 (湛然不隨於生死)

빈손으로 왔다가 빈손으로 가는 것, 이것이 인생이다.

태어남은 어디로부터 왔으며 죽으면 어디로 가는가?

태어남은 한 조각 구름이 일어남이요

죽음은 한 조각 구름이 사라지는 것이다.

뜬 구름이 본래 실체가 없듯이

생사의 오가는 것이 이와 같다네.

만약 한 물건의 정체를 깨닫는다면

담연하여 생사를 따르지 않는다네.

* 육바라밀(六波羅密) : 생사고해를 넘는 여섯가지 수행법.

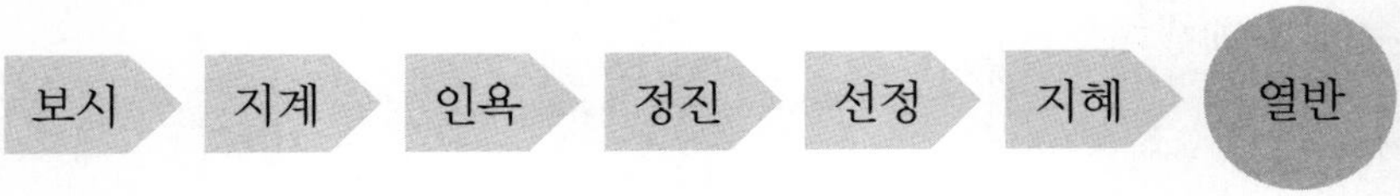

보시 ▶ 지계 ▶ 인욕 ▶ 정진 ▶ 선정 ▶ 지혜 ▶ 열반

〈그림 16〉 6바라밀

신묘장구 대다라니 염불 공덕

삶은 인연이란 그물로 연결되어 있습니다. 눈뜨고 보면 한 치의 오차가 없습니다. 마치 프로그램의 서브루틴처럼 앞에서 연결되었으면 뒤에서 마무리가 되어야 하고 뒤에서 시작하면 그다음 앞에서 처리되어야 합니다. 이러한 과정이 무한 반복되고 있다는 것에 매번 놀랍니다.

불법(佛法)은 대개 난관에 부딪치고 나서 원인과 답을 찾으며 접하는 경우가 많습니다. 대학을 졸업할 때까지 공부에는 나름대로 자신이 있었는데 몇 차례 승진시험에 떨어지고 난 뒤 '왜 똑같이 공부를 하는데 누구는 합격하고 누구는 떨어지는가?'에 의문을 품게 되었습니다. 그러다가 1991년 여름 천마산 견성암에 들렸을 때 비구니 지원스께서 천수경 한 권을 주신 걸 읽어보니 '신묘장구대다라니를 수지독송하면 업장이 소멸되고 소망을 성취한다'고 쓰여 있었습니다. 숙세의 업이 있으니 노력을 해도 성취가 어려웠다고 생각하고 그때부터 지금까지 '신묘장구대다라니'를 매일 아침에 일어나자마자 암송하고 잠자리에 들때 외우면서 마무리 했습니다. 본래 외우기를 잘 못해 대다라니를 외우는데 근 1년여가 걸렸습니다.

공덕은 놀라웠습니다. 수많은 사례를 경험했습니다. 1992년 현장 감독할 때 20명 가까운 작업자들이 감전사고를 당하기 직전에 자동차단기가 동작되어 모면했습니다. 1993년에는 새벽 2시 회사에서 늦게 나와 집으로 가던 길에 캄캄한 들판에서 차 앞바퀴가 펑크가 났습니다. 세차게 소나기 내리는 길에서 후레쉬도 없이 손으로 더듬으며 바퀴를 가는데 이따금 지나가던 차들이 멈추어 헤드라이트를 비추어 주고 우산을 받쳐 주었던 분들의 공덕을 잊을 수가 없습니다. 그들은 평범한 사람들이 아니었을 것입니다. 1994년 승진시험 때가 다가오자 절 수행을 함께 했습니다. 매 주말 밤에 견성암에 가서 1천배 씩, 대략 1만 배를 넘게 정진했습니다. 그 다음해 1월에 있던 승진시험에 무난히 합격합니다.

그 외에도 수행으로 이끄시는 불보살님의 가피를 경험합니다. 1994년 강릉으로 전근 가 포교당에서 능엄경 등 공부를 시작하였고 1997년에는 본사로 돌아와 능인선원에서 불교대학을 졸업합니다. 2000년에는 청와대 행정관으로 파견 가서 청불회 참가하고 본사로 돌아와 배전자동화업무를 합니다.

수많은 기도가피 사례를 간추려 보면 2003년 108배, 100일 기도를 마친 후에 꿈을 꿉니다. '한약 한 모금'을 마시고 나서 입안 허는 일이 없어 졌고, 2007년 북한산 화계사에서 수경스님과 묘봉스님, 수암스님의 참선 법문을 듣고 시민선방에서 공부했으며 그해 9월에 경북 봉화의 도솔암에 공부 중인 인묵, 범종스님을 만남으로써 일타, 혜국, 인묵스님의 3대로 이어지는 인연이 맺어집니다. 2008년 10월 26일 밤 10시경 국정감사가 끝나고 집으로 돌아가는 길에 강동대교 인터체인지 앞에서 갑자기 껴드는 앞차를 피하려 브레이크를 밟았는데 180도 회전하여 제 소형차가 안전지대에 들어가는 정차하는 기적도 경험했습니다. 시속 100km씩 달리는 도로입니다. 2012년 서안동 광홍사에서 정등거사를 만나 덕유산 삼소암에서 염불수행법을 배웠습니다. 2008년 이후 현재까지 본사 반야회와 전력인 불자 연합회를 이끌면서 조계종교구본사와 전국 명찰 암자를 순례하며 철야정진하고, 큰스님들의 귀중한 법문을 들으며 공부하였고, 수 많은 직원들이 승진하여 즐거워 하는 것도 지켜 봤습니다. 업무적으로는 친환경 에너지분야의 신기술 개발과 해외 시장도 개척하였습니다.

시간이 흘러 지난 2018년 여름 남해 금산의 보리암과 경남 고성의 청량산 문수, 보현암 그리고 옥천사 지장전에 들러 4대 보살성인들께기도정진 했습니다. 이것은 1983년 소위 임관후 처음 복무했던 곳을 35년이 지나고서 다시 찾아 본 인연처이기도 합니다. 문수암은 해방이후 청담스님이 정화운동을 주도하신 사찰이고 정천 큰스님이 주석하셨으며 고성 땅이 남해의 보리암과 함께 문수, 보현, 관음과 지장보살께서 머무시는 성지임을 그제서야 깨달았습니다. 우연치고는 너무 정교합니다.

이렇게 정교한 인연 고리를 경험하고도 어찌 기도의 가피가 없다고 할 수 있겠습니까? 그럼에도 대부분 아직도 중생인지라 당장 한고비를 넘기고 나면 금세 현재의 어려웠던 일은 모두 잊어버리고 수행을 게을리 하니 안타깝기 그지 없습니다. 부디 이와 같은 인과가 쉼 없이 이어짐을 잊지 마시고 하루하루 수행 정진에 힘쓰시기 바랍니다.

참고 : 염불수행법(출처 : 한국민족문화 대백과사전)

불교 수행법 가운데 하나인 염불은 부처의 상호를 생각하여 관하거나 부처의 명호를 부르는 것으로 궁극 목적은 번뇌를 버리고 열반에 들게 하는 데 있으며 죽은 뒤에 부처의 정토에 왕생한다고 한다. 부처를 억념(憶念 : 단단히 기억하여 잊지 않음)하기 위한 염불은 부처의 상호(相好)를 생각하여 관(觀)하거나 부처의 명호를 부르는 것이다. 종교적인 의식으로 보편적인 염불수행의 궁극 목적은 번뇌를 버리고 열반(涅槃)에 들게 하는 데 있다. 따라서 우리나라에서는 선수행(禪修行)의 난해함보다는 쉬운 염불 쪽이 수행의 방법으로 더 많이 채택되었고 선종(禪宗)의 고승들까지 이 염불수행을 권장하는 특이함을 보이게 되었다.

염불은 삼시염불(三時念佛)과 별시염불(別時念佛)로 분류된다.

– 삼시염불은 새벽과 낮, 황혼녘의 세 번으로 나누어 염불하는 것이고, 별시염불은 1일 · 3일 · 7일이나 14일 · 21일 · 100일 등으로 특별한 기간을 정하여 도량(道場)에 들어가서 몸과 마음을 깨끗이 하고 염불하는 것이다.

- 별시염불의 경우, 우리 나라에서는 사찰을 중심으로 백일기도,
천일기도, 만일염불도량(萬日念佛道場)까지 성행하게 되었다.

〈표 26〉 염불시기와 횟수

구분	삼시염불	별시염불
시기	아침, 점심, 황혼녘	1, 3, 7, 14, 21, 100일
횟수	1일 3회	일수을 정해 수행

염불수행의 방법은 칭명(稱名) · 관상(觀像) · 실상(實相) · 관상(觀想)의 염불법이다.

- 칭명염불은 부처의 명호를 부르는 칭념(稱念)의 염불을 말한다.
여기에는 산란한 마음으로 하는 산심염불(散心念佛)과 고요한
마음으로 하는 정심염불(定心念佛), 소리의 크고 작음으로
나누는 대념염불(大念念佛)과 소념염불(小念念佛), 한 부처의
명호만을 부르는 정행염불(正行念佛)과 여러 부처의 명호를
일컫는 잡행염불(雜行念佛)로 나누어진다.

- 관상염불(觀像念佛)은 일심으로 한 부처의 불상을 관하고
생각하는 방법으로 이 염불을 닦는 이는 죽은 뒤에 그 부처의
정토에 왕생한다고 한다.

- 실상염불은 자신과 아울러 일체 법의 진실한 자성(自性)인
법신(法身)을 관하는 것이다.

- 관상염불은 단정히 앉아 한결같은 마음으로 한 부처의 상호와
공덕을 관하여 생각하는 것이다. 그러는 가운데 삼매(三昧)에
들면 분명히 부처를 볼 수 있고 한 부처를 보게 되면 모든 부처를

볼 수 있게 되며 이렇게 닦은 이는 죄장(罪障)이 소멸되어 그 불토(佛土)에 왕생한다고 한다.

〈표 27〉 염불수행 방법

수행방법			
칭명(稱名)	관상(觀象)	실상(實相)	관상(觀想)
부처명호 부름	불상을 생각	자성법신 관함	상호공덕 생각

이상의 4종 염불 중 앞의 둘은 일반적으로 생각하는 염불의 뜻과 같으나 뒤의 둘은 법신과 삼매의 증득이라는 점에서 자력적인 의미가 숨겨져 있다.

그리고 칭명염불 수행의 한 의식으로서 오회염불법(五會念佛法)이 있다. 다섯 음(音)의 곡조에 따라 늦고 급한 차례로 염불하는 것이다. 제1회는 평성(平聲)으로 '나무아미타불'을 느리게 부르고, 제2회에는 평성과 상성(上聲)으로 역시 느리게 부르며, 제3회에는 느리지도 급하지도 않게 부르고, 제4회에는 점점 급하게 부르고, 제5회에는 더욱 급하게 '아미타불'넉 자만 부르는 것이다. 또, 염불수행의 낮고 못함을 일과(日課)의 많고 적음에 따라서 9품으로 나누는 9품염불이 있다.

〈표 28〉 구품염불 수행법

9 품		아미타경	염 불	예 배
상품	상생	10권	60,000번	49회
	중생	5권	50,000번	48회
	하생	3권	30,000번	47회

	상생	2권	20,000번	46회
중품	중생	1권	10,000번	45회
	하생	1권	9,000번	44회
하품	상생	1권	8,000번	43회
	중생	1권	4,000번	42회
	하생	1권	2,000번	41회

이와 같은 9품염불 중 무엇을 택하여 염불하였는가에 따라 사후에 극락의 9품 연화대 중 어느 한 곳에 태어난다고 보고 있다.

이 밖에도 중요한 염불법으로는 즉심염불(卽心念佛)과 사리쌍수염불(事理雙修念佛), 전수염불(專修念佛)을 꼽을 수 있다.

즉심염불은 마음이 법계(法界)에 두루 가득한 것이므로 10만억 국토를 지나서 있다는 아미타불도 나의 심불(心佛)에 불과하다는 염불관이다. 즉, 우리의 마음은 청정한 불체(佛體)이지만 무명(無明)의 번뇌가 덮여서 나타나지 못하는 것일 뿐이다. 따라서, 심불의 입장에서 내 몸이 곧 정토이며 내 마음이 곧 아미타불이라고 관하여, 자기 마음속의 부처를 염하는 것이다. 이는 선종의 즉심즉불(卽心卽佛)사상에 입각한 염불법이다.

사리쌍수염불은 이치[理]와 현상[事]을 함께 닦는 염불이다. 여기서 사를 닦는다는 것은 입으로 부처의 명호를 부르는 것이고 이를 닦는 것은 불신(佛身)을 관하는 것이다. 곧 입으로 부처의 명호를 외우고 마음으로 관찰하여 쌍으로 닦는 염불법이다.

전수염불은 염불의 가지가지 방편을 버리고 오직 입으로 부처의 명호만을 부르는 칭명염불수행이다. 이 전수염불은 오직 아미타불의 본원력(本願力)에 순응하여 정토에 왕생하는 정정업염불(正定業念佛)로서 일반적으로는 이 염불법을 가장 많이 채택하고 있다.

염불은 참선처럼 까다로운 위의(威儀)나 조용한 환경을 필요로 하지도 않고 근기(根機)의 차별없이 아무데서나 손쉽게 할 수 있을 뿐 아니라 선을 통한 자력수행(自力修行)만으로는 금생에 성불하는 것이 어렵다는 것을 인식하고 염불수행을 채택하기 때문에 많은 수행자들을 점유하고 있다. 또한 참선이 삼매로서 그 극치를 삼듯이 염불의 극치도 삼매에 들어가는 것이다.

그래서 고려 말의 고승 나옹(懶翁)은 아미타불이 어디에 계신가를 깊은 마음에 새겨 잊지 말고 생각하고 또 생각하여 무념(無念)에 이르면 온몸이 항상 빛을 놓으리라 하여 염불삼매(念佛三昧)에 이르는 방법을 제시하였다.

염불할 때에는 갖추어야 할 기본적인 3요소가 있다.
첫째는 믿음(信)으로 서방 극락세계가 있는 것을 확신하는 것이다.
둘째는 원(願)으로 현실의 괴로운 사바세계를 여의고 극락세계에 생하기를 바라는 것이다. 자신만의 왕생을 바라는 것이 아니라 가까운 부모나 친척, 나아가서는 뭇 생명 있는 자들의 왕생을 바라는 것이다.
셋째는 행(行)으로 부처의 명호를 염(念)하면서 마음에 부처를 떠나지 아니하게 하는 마음가짐으로 '나무아미타불'을 부르는 실천적인 행이다.

　이때 불보살의 명호를 부르는 행이 잠시도 쉼이 없어야 할 뿐 아니라 부처를 부르는 소리가 입으로 나오지만 소리를 귀로 들어야 하며 지극정성으로 염불하여야만 한다.

　또 이 염불수행에는 세 가지 마음가짐이 필요하다.

　첫째는 지성심(至誠心)이다. 지극정성으로 신명(身命)을 다 바쳐서 부처를 믿고 의지하며 성실한 마음으로 극락세계에 왕생하기를 바라는 마음이다.

　둘째는 심심(深心)이다. 부처의 본원(本願)을 깊이 믿고 아미타불의 제도를 받기를 원하는 마음이다.

　셋째는 회향발원심(廻向發願心)이다. 자기가 쌓은 공덕이 모든 중생에게 베풀어지기를 바라는 마음으로 모든 선근(善根)을 극락세계로 회향하여 극락왕생을 구하는 마음이다. 이 세 가지 마음을 가지고 염불하면 반드시 인격완성을 이룰 수 있다는 것이다.

　이 염불을 권장하기 위한 한 방법으로서 염불하는 자에게 베풀어지는 각종 이익이 있다. 이 현세에서 모든 재난이 소멸되고 병이 없어지며 수명이 연장된다. 뿐만 아니라 가정에는 경사스러운 좋은 일들이 생겨나고 사계절 내내 편안하게 된다. 죽음에 임할 때는 아미타삼존불이 친히 서방 극락세계에 인도해 주며 부처를 뵙고 법을 들으며 영원히 즐거움을 받게 되는 것이다.

또 염불하는 자에게는 5종의 수승한 인연이 있다.

첫째 일체의 죄업을 소멸하게 되고

둘째 불·보살의 호념(護念)을 받으며

셋째 눈앞에 부처를 볼 수 있고

넷째 정토에 왕생하며

다섯째 왕생하는 것을 증명하는 것이다.

우리나라에서는 불교가 전래된 이래 염불수행이 널리 유포되었다. 특히 이 염불수행이 보편화된 데에는 신라의 원효(元曉)가 지대한 역할을 하였다. 그는 복잡한 교학(敎學)보다는 일반 민중들이 쉽게 받아들일 수 있는 염불수행법을 민중 속에 전파하여 그들로 하여금 극락왕생의 꿈을 가지도록 하였다.

원효는 정토와 예토(穢土)가 한마음이라는 독특한 주장 아래에서 염불수행을 권하였고 그 구체적인 수행법으로서 삽관법(鍤觀法)을 광덕(廣德)과 엄장(嚴莊)에게 전하였다고 한다. 이 삽관법은 정관법(淨觀法)과 동의어로 해석되고 있는데 이는 중생이 마음의 더러움을 없애고 깨끗한 몸으로 번뇌의 유혹을 끊는 가관(假觀)에 속한다. 원효의 삽관법은 징을 치면서 산란한 잡념을 없애면서 염불삼매의 경지에 들도록 하는 특수한 관법이 아닌가 추정하고 있다.

이 밖에도 신라의 고승들은 ≪아미타경≫·≪무량수경 無量壽經≫ 등의 연구를 통해서 염불수행의 뒷받침을 하였고 또 염불할 것을 권장하였다. 특히 광덕과 엄장의 염불수행이나 노힐부득과 달달박박의 염불을 통한 성불, 욱면(郁面)의 염불로 인한 서방정토왕생 등 현재 ≪삼국유사≫ 속에 많은 설화들이 남아 있으며 염불결사운동(念佛結社運動)도 널리 전승되었다.

신라 말에 선종이 지방호족의 비호 아래 새로운 세력을 형성할 당시 교학에 대한 비판은 극심하였으나 염불수행은 배척하지 않았다. 오히려 그들은 선을 할 수 없는 근기에게 염불을 할 것을 권장하였을 뿐만 아니라 염불화두(念佛話頭)라는 독특한 것을 창출하기까지 하였다. 즉 염불을 하는 그 주인공이 무엇인가 하는 의문을 끊임없이 입으로 염불하면서 마음으로 생각하라는 것이다.

선종의 명맥을 이어받고 있는 현재의 우리 나라 불교에서는 특히 '자성미타유심정토(自性彌陀唯心淨土)'에 입각한 염불수행이 많이 권장되고 있다. 이는 선정과 염불을 조화시킨 것으로 우리 나라에서는 고려 중기의 지눌(知訥) 이후 유행하기 시작하여 나옹(懶翁)에 의해서 정착되었다.

나옹은 실제로 사바세계가 곧 정토임을 주장하는 자성미타유심정토를 화두로 삼기도 하였다. 이는 염불로써 왕생극락을 성취할 수 있다고 믿었던 당시 고려 불교계의 믿음을 선과 조화시킨 것이다. 이것을 염불선(念佛禪)이라고 한다. 따라서 염불은 잡념을 쉬게 하는 좋은 방편이요 나옹에게 있어서 염불은 곧 참선인 것이다.

이와 같은 전통은 조선시대 불교계에 큰 영향을 미쳐 조선 중기 이후에는 대부분의 승려들이 화엄(華嚴)과 염불과 선을 함께 중시하는 풍조가 성행하게 되었다. 특히 조선 후기에는 많은 사찰에 염불당(念佛堂)이 있어서 만일회(萬日會)를 설하고 아미타불을 칭념하여 정토왕생을 원하는 염불의 모임들이 많이 생겨났다. 만일회는 뜻을 같이하는 불자들이 1만일을 기한으로 하여 나무아미타불을 칭념하는 법회를 말한다.

이 만일염불회가 이 시대에 와서 부쩍 성하였는데 그 중에서도 건봉사(乾鳳寺)와 망월사(望月寺)의 염불회가 대표적인 것이었다. 특히 건봉사의 만일회는 전후 3회에 걸쳐 대법회를 가졌다. 처음은 1801년(순조 1)에서 1834년(순조 34)까지 용허(聳虛)가 시작하여 마쳤고 1850년(철종 1)에서 1863년(철종 14)에는 벽오(碧梧)가 1881년(고종 18)에서 1908년에는 만화(萬化)가 주관하였다.

우리 나라의 염불에 대한 정의는 일반적으로 지눌의 설을 따르고 있다. 그는 행동이나 말로나 생각으로 하지 말도록 되어 있는 모든 잘못된 일을 단연코 하지 않는 것이 선행되지 않는다면 아무리 염불을 하여도 소용이 없다는 것을 강조하였다.

또 그는 염불이란 어묵동정(語默動靜) 어느 때이든지 부처의 마음을 본받아서 내 마음을 그렇게 맑고 밝고 환하게 하는 데에 주안을 두어야 한다고 가르쳤다. 그리하여 마침내는 내 마음이 삼매의 경지를 거쳐 진여(眞如)한 원각(圓覺)의 마음이 되도록 하는 것, 그것이 최상의 염불이라고 하였다.

심향사의 새벽

− 玄道 −

금성산(錦城山) 위로 오리온 광명을 발하고
새벽 찬바람은 홀로 가람(伽藍)을 휘감는데
수곽(水廓) 아래 물줄기는 千年을 흐르건만
방울방울 낙숫물 소리는 언제적 모습인고?

2016. 2.11 입춘 심향사 철야정진

*기도(祈禱) 법

〈표 29〉 염불과 사경법

구분	형태	방법	
염불 (念佛)	법신염불	부처님이 깨달으신 진리를 생각하는 염불	
	관념염불	부처님 공덕, 모습을 마음에 그리는 염불	
	칭명염불	부처님의 명호(名號)를 부르는 염불	
독경(讀經)		일심으로 소리내어 경을 외거나 읽는 것	
간경(看經)		경전을 보고 마음속으로 읽는 수행법	
사경 (寫經)	사경기도 (寫經祈禱)	경전을 보고 베껴 쓰는 것	
	돈사경 (頓寫經)	경전을 하루에 다 쓰는 것	방법분류
	점사경 (漸寫經)	경전을 여러 날에 걸쳐 쓰는 것	
	일필경 (一筆經)	한 사람이 큰 경전을 다 쓴 것	
	묵서경 (墨書經)	먹으로 쓴 경전	재료분류
	금자경 (金字經)	금가루로 쓴 경전, 금니사경	
	은자경 (銀字經)	은가루로 쓴 경전, 은니사경	
	수예경 (手藝經)	바늘로 수를 놓아 쓴 경전	
	혈사경 (血寫經)	피로 쓴 것	
	권자본 (卷子本)	두루마리 형태	제본분류
	절첩본 (折帖本)	병풍형태	
	선장본 (線裝本)	족보책 형태	

반드시 외워야할 경전과 진언

대부분 사찰에서는 재가불자들도 새벽과 조석 예불에 참석하여 함께 기도를 합니다. 그 중에서도 아래 4가지는 시간이 걸리더라도 반드시 외우고 뜻을 새겨 낭송하도록 합니다. 당나라 현장법사님은 천축으로 가는 동안 매일 반야심경을 7독 하였다고 합니다. 그 공덕으로 어려움을 극복하고 경전을 구해 불법홍포에 기여하였습니다.

1. 般若心經 반야심경 : 불교교리의 핵심

摩訶 般若 波羅蜜多心經 觀自在菩薩 行深般若 波羅蜜多 時 照見
마하 반야 바라밀다심경 관자재보살 행심반야 바라밀다 시 조견

五蘊皆空度 一切苦厄 舍利子 色不異空 空不異色 色卽是空 空卽是色
오온개공도 일체고액 사리자 색불이공 공불이색 색즉시공 공즉시색

受想行識 亦復 如是 舍利子 是 諸法空相 不生不滅 不垢不淨 不增
수상행식 역부 여시 사리자 시 제법공상 불생불멸 불구부정 부증

不減 是故 空中 無色 無 受想行識 無 眼耳鼻舌身意 無 色聲香味觸法
불감 시고 공중 무색 무 수상행식 무 안이비설신의 무 색성향미촉법

無眼界 乃至 無意識界 無無明 亦無無明盡 乃至 無老死 亦無老死盡
무안계 내지 무의식계 무무명 역무무명진 내지 무노사 역무노사진

無苦集滅道 無智亦無得 以無所得故 菩提薩埵依 般若波羅蜜多故
무고집멸도 무지역무득 이무소득고 보리살타의 반야바라밀다고

心無 罣碍 無罣碍故 無有恐怖 遠離顚倒夢想 究竟涅槃 三世諸佛
심무 가애 무가애고 무유공포 원리전도몽상 구경열반 삼세제불

依般若 波羅蜜多故 得阿耨多羅三藐三菩提 故知 般若波羅蜜多
의반야 바라밀다고 득아뇩다라삼먁삼보리 고지 반야바라밀다
是大神呪 是大明呪 是無上呪 是無等等呪 能除一切苦 眞實不虛
시대신주 시대명주 시무상주 시무등등주 능제일체고 진실불허
故說般若波羅蜜多呪 卽說呪曰 고설반야바라밀다주 즉설주왈
[揭諦 揭諦 波羅揭諦 波羅僧揭諦 菩提 娑婆訶] 3번
[아제 아제 바라아제 바라승아제 모지 사바하] 3번

2. 신묘장구 대다라니 : 업장소멸과 소망성취 진언

나모라 다나다라 야야 나막알약 바로기제 새바라야 모지사다바야 마
하사다바야 마하가로 니가야 옴 살바 바예수 다라나 가라야 다사명 나
막 까리다바 이맘알야 바로기제 새바라 다바 니라간타 나막하리나
야 마발다 이사미 살발타 사다남 수반아예염 살바보다남 바바말야 미
수다감 다냐타 옴 아로계 아로가 마지로가 지가란제 혜혜하례 마하모
지 사다바 사마라 사마라 하리나야 구로구로 갈마 사다야 사다야 도로
도로 미연제 마하미연제 다라다라 다린나례새바라 자라자라 마라미
마라 아마라 몰제예혜혜 로계새바라 라아 미사미 나사야 나베사미사
미 나사야 모하자라 미사미 나사야 호로호로 마라호로 하례바나마 나
바사라사라 시리시리 소로소로 못쟈못쟈 모다야 모다야 매다라야 니
라간타 가마사 날사남 바라 하라나야 마낙사바하 싯다야 사바하 마
하싯다야 사바하 싯다유예 새바라야 사바하 니라간타야 사바하 바라
하 목카싱하 목카야 사바하 바나마 하따야 사바하 자가라욕다야 사바
하 상카섭나네 모다나야 사바하 마하라 구타다라야 사바하 바마사간

타 이사시체다 가릿나이나야 사바하 먀가라 잘마이바 사나야 사바하
나모라 다나다라 야야나막알야 바로기제 새바라야 사바하(3번)

3. 광명진언 : 광명성취 및 악업소멸(영가 천도)

☞ 옴 아모카 바이로차나 마하무드라 마니파드마 즈마라
프라바르타야 훔(3회)

4. 관세음보살보살본심미묘6자대명왕진언 (밀교↑)

: 재난.고통에서 관세음보살 가피와 자비심을 얻어 성불에 이름

☞ 옴마니반메훔(3회)

5. 의상조사 법성게 : (화엄경 핵심)

〈 법성게 法性偈 〉

法性圓融無二相 諸法不動本來寂　법성원융무이상 제법부동본래적

無名無相絶一切 證智所知非餘境　무명무상절일체 증지소지비여경

眞性甚深極微妙 不守自性隨緣成　진성심심극미묘 불수자성수연성

一中一切多中一 一卽一切多卽一　일중일절다중일 일즉일체다즉일

一微塵中含十方 一切塵中亦如是　일미진중함시방 일체진중역여시

無量遠劫卽一念 一念卽時無量劫　무량원겁즉일념 일념즉시무량겁

九世十世互相卽 仍不雜亂隔別成　구세십세호상즉 잉불잡란격별성

初發心時便正覺 生死涅槃相共化　초발심시변정각 생사열반상공화

理事冥然無分別 十佛普賢大人境　이사명연무분별 십불보현대인경

能仁海印三昧中 繁出如意不思議　능인해인삼매중 번출여의부사의

雨寶益生滿虛空 衆生隨器得利益 우보익생만허공 중생수기득이익

是故行者還本際 叵息妄想必不得 시고행자환본제 파식망상필부득

無緣善巧捉如意 歸家隨分得資糧 무연선교착여의 귀가수분득자량

以陀羅尼無盡寶 莊嚴法界實寶殿 이다라니무진보 장엄법계실보전

窮坐實際中道床 舊來不動名爲佛 궁좌실제중도상 구래부동명위불

법성(진리)은 원만히 융통하여 오직 한 모습

모든 것은 변함 없는 본래 그 자리

이름도 모양도 모두 여의어

깨달은 지혜와 분별지(知)가 다르지 않고

참다운 성품은 깊고 미묘하여

제자리에 있지않고 인연따라 나투네.

하나에 모두 있고 많은 데도 하나 있어

하나가 바로 모두요 많은 것 또한 하나이니

한티끌 작은 속에 세계를 머금었고

모든 티끌마다 우주가 가득하네.

한량없는 긴세월이 바로 한생각

한생각이 또한 바로 한없는 세월

九세와 十세가 서로 한줄기

그러나 섞지 않고 따로 나투네.

첫발심 했을 때가 바른 깨달음

생사와 열반이 서로 어울려

본체와 현상이 구별이 없는

불보살이 나투는 부사의 경계로다.

부처님이 드시는 해인삼매 가운데
부사의한 여의공덕 한량이 없고
중생 위한 보배가 허공에 가득하니
중생들 근기따라 이익을 얻네.
그러므로 수행자가 본고향에 돌아가면
쉴새없는 망상인들 얻을 길 없고
걸림없는 방편으로 여의보배 찾았으니
본집에서 자재롭게 공덕을 얻네.
한량없는 지혜공덕 무진보배로
온누리에 보배궁전 한껏 꾸미고
중도의 실상자리 사무쳐 앉았으니
본래로 변함없는 부처님일세.

뜬 눈을 다시 뜨게 하라

참선법에 대해서는 책도 많이 나와 있고 큰스님들의 가르침도 수 없이 많습니다. 여기서는 저자가 수계를 받고 난 뒤 나름대로 참선수행을 해오던 바탕 위에서의 방법 만을 기록합니다. 이론보다 철저히 도전해 보고 경험한 바를 기초로 해서 설명 드리는 것임을 먼저 말씀드립니다.

우선 참선은 화두를 통해 삼매에 드는 수행법입니다. 그래서 고도의 집중이 요구됩니다. 그러다 보니 자세, 호흡법은 물론 장소 등 고려해야 할 것이 많습니다. 이러한 것은 실참에서는 크게 중요하지 않습니다.

결국 참선에서 가장 중요한 것은 화두에 몰입하는 것인데 이것이 정말 쉽지 않습니다. 의자나 방석 위에 앉는 순간부터 수많은 망상이 떠오르기 시작합니다. 화두는 어디로 간데없고 떠오르는 생각을 따라 의식도 함께 가서 머무르다 보면 시간이 금방 가버립니다. 마치 조신 스님이 꿈속에서 한 세상을 산 것처럼 그렇게 시간이 흘러 가는 것입니다.

깨달음은 본래 성품을 보는 것으로 끝이다

여기서 알아 두어야 할 것이 하나 있습니다. 수많은 수행자가 출가를 해서도, 아니면 재가자로서 오랜 시간을 들여 수행을 해 왔음에도 화두타파를 못하는데 육조스님은 금강경의 응무소주 이생기심을 한 번 들으시고 마음이 열리고 깨달음을 얻습니다. 말 그대로 견성입니다. 성품을 보고 안 것입니다. 결국 닦는다는 것보다 '본래 성품을 찾기만 하면 할 일 다했다'는 것이고 나머지는 본 성품대로 살아가기만 하면 됩니다. 이 장면은 육조단경에도 잘 나와 있습니다. 이유는 다겁생래 수행을 해온 공덕이 있어 다시금 그 구절을 듣자마자 본성의 실체를 알아차린 것입니다. 알아차렸다고 하는 의미는 더 이상 육근육식에 끄달려 가지 않게 되었다는 의미입니다. 그런데 많은 대중들은 기나긴 시간을 수행을 해왔는데도 왜 견성치 못할까를 참구해 본 적이 있습니다. 혜능스님의 경우를 미루어 보면 대개의 대중들은 전생의 공부가 부족하니 현생에 열심히 참구하려 해도 쉽지 않을 수 밖에 없는 것이 아니겠습니까? 이점을 잘 알고 화두참구가 잘 되지 않아도 매일 끈기있게 매달려야 조금씩 진척이 있을 것입니다. 수행자는 자신의 수행 정도를 스스로 압니다. 결코 말로해서 조사스님들의 구절을 되뇌어 보아봤자 '국자가 국맛을 모르는 것'과 같아 남의 장단에 춤추고 논 것이 되니 착오가 없어야 할 것입니다.

이런 관점에서 보면 수 없는 망상이 참선 중에 떠 오른다 해도 이상할 것이 없습니다. 다만 어떻게 하면 하루속히 이 망상에서 벗어나 화두에 몰입해 견성할 것인가가 큰 숙제인 것입니다. 그래서 화두에 어떻게 몰입할까가 관건이 됩니다. 결국 화두는 의심으로 시작합니다. 조사스님들께서 그렇게 말씀하셨습니다. 축원문에서도 參禪者는 의단독로(疑團獨露)하길 성원합니다.

　그러면 의단이란 무엇인가? 의심덩어리를 말합니다. 화두를 의심덩어리로 만들어 꽉 붙잡고 있어야 망상이 일어나질 않아서 삼매에 들 수 있는 의미입니다. 그런데 의심이 일어나지 않으니 문제인 것입니다. 예를 들어 '이뭣고?'를 화두로 참선한다고 하면 생각이 일어나는 그 자리에서 이것이 무엇인가를 물고 늘어져야 합니다. 어느 순간 자신도 모르게 일어난 생각을 따라가 몸뚱이는 멍하니 앉아 있고 의념은 십만팔천리를 떠나 망상에 빠져있는 것이 아니라, 생각이 일어나는 그 순간 망상을 알아차리고 화두를 흔들림 없이 붙잡고 있어야 합니다. 이것이 참선의 핵심 요체입니다. 이것만 할 줄 알면 참선은 다 이룬 것입니다. 생각해 보십시오. 화두를 붙잡고 있는데 망상이 나오고 삼매에 들지 못한다면 조사스님들의 가르침이 거짓이 되지 않겠습니까?

망상을 망상으로 알아차리는 놈이 본성

　그런데 여기서 더 중요한 것이 있습니다. 대개의 수행자는 망상이 일어난 것을 알아차리지 못 합니다. 일상적인 생각이 떠오르는 것도 알지 못합니다. 그래서 순간순간 일어나는 탐진치에서도 벗어나질 못 합니다. 자신이 욕망에 끌려가거나 화를 내려고 하는 것 그리고 지혜가 없다는 것을 알아 차렸다면 거기에 빠져들지 않을 것입니다. 모르기 때문에 화를 자초하게 됩니다.

왜 이것을 모를까요? 모른다는 이것을 모르기 때문에 망상이 떠오르면 그 속에서 헤어 나오질 못하니 참선이 어렵습니다. 모르는 근본이유는 의식이 깨어있질 못해서입니다. 그렇기에 참선수행이 필요합니다. 역설적입니다만 그렇습니다. 이것을 깨우치려면 얼마나 많은 시간이 걸릴까요? 알 수 없습니다. 한순간에 알 수도 있고 이번 생에는 아무리 노력해도 안 될 수도 있습니다. 그럼에도 확실한 것은 참선을 하면 반드시 깨달음을 얻을 수 있다는 것입니다. 수많은 조사스님들이 그 길을 가시면서 증명하셨습니다.

분명 경허선사께서 가르쳐 주신 참선곡을 보면 수행법이 명쾌합니다. 화두에 집중하는 방법을 유치원생도 알게끔 설명하고 계십니다. 그리고 이 가르침을 잘 써서 책상위에 붙혀 놓고 시시때때로 보고 경책하며 수행 할 것을 말씀하십니다.

화두참선하는 가르침을 살펴보면 '고양이가 쥐 잡듯이, 목마른 사람 물 찾듯이, 배고픈 사람 밥 찾듯이, 외자식을 잃은 늙은 과부 아들을 생각하듯 간절'하게 매달리라고 권합니다. 이 이상 친절하게 설명하려야 할 수 없는 가르침입니다. 일례로 '고양이가 쥐를 잡을 때처럼 집중해야 한다'는 의미입니다. 이것이 무슨 뜻일까요?

좀 더 깊이 있게 살펴보면 굶주린 고양이는 쥐를 잡아 먹어야 허기를 면해 살 수 있습니다. 그런데 작고 약한 쥐는 조심성이 많아 쥐구멍에서 나오기 전에 자신을 해칠 동물이 있는지 살피며 쥐구멍에서 잘 나오지 않습니다. 설사 안심하다고 여겨 쥐구멍에서 나오다가도 뭔가

낌새가 이상하면 재빠르게 쥐구멍으로 다시 들어가 버립니다. 그러니 웬만한 집중력과 민첩성이 없으면 쥐를 잡기가 쉽지 않습니다. 고양이 입장에서 보면 쥐구멍 앞에서 쥐를 잡기 위해 기다릴 때 한눈팔아도 안 되고 숨소리를 내서도 안 되며 일순간이라도 딴 생각을 해서도 안 되겠지요. 쥐가 나왔을 때 온신경을 집중하고 있어야 합니다. 오로지 쥐구멍만 쳐다보며 쥐가 나오는 순간을 놓치지 않고 기다려야지만 곧 바로 낚아채서 잡을 수 있습니다.

그런데 쥐가 언제 나올지 알 수가 없습니다. 무작정 기다려야 하는데 그것이 부지하세월인 것입니다. 다시 말해 고양이가 쥐를 잡는 것은 참으로 어렵고 인내심이 필요하며 기나긴 시간이 걸리는 것입니다. 이것이 바로 참선할 때 화두를 들고 있으면서 어떻게 자세를 취해야 할지를 단적으로 보여주는 귀중한 가르침입니다. 오히려 숨소리조차 나지 않게 화두에 집중하면서 화두만 바라보며 의식하고 망상에 끌려가지 않는 힘과 인내심이 있어야 합니다.

이 단계까지 가는 것도 참으로 쉽지 않습니다. 어찌해야 진전이 있는 참선공부가 가능할 것인가? 참선은 어떻게 시작하는가? 참선은 좌선, 행선, 입선 등 다양한 방법이 있습니다. 그중에서도 앉아서 하는 방식이 가장 보편적으로 알려져 있습니다. 일타스님의 책에는 혜암스님이 오대산에서 밤새 암자와 암자를 오고가며 행선을 한 사례가 나옵니다. 즉, 참선은 꼭 앉아서 하는 것만이 아니라는 것입니다. 더욱이 장소 또한 고요한 사찰이나 선원, 선방이 아니라 시끄러운 시장이나 마을은 물론 버스나 지하철 같은 곳에서도 가능합니다. 신라 대안스님은 시장 통에서도 화두참선을 하셨다고 합니다. 결국 무엇이 요체일까요? 화두에 대한 의심과 집중이 핵심입니다. 조금 더 쉽게 살펴보면 자신의 일거수일투족이 무언가에 의해 끌려 다니고 행동하며 생각하는데 무엇이 이것을 가능하게 하는 것이 '이 뭣고?'란 의미입니다. 그런데 이것이 순간순간 알아차려야 하는데 그걸 알기 위해서는 한생각이 일 때 마다 되돌아가 붙잡고 있어 망상이 일어나는 것을 막아 주어야 '이 뭣고!' 한 생각에 몰입할 수 있게 됩니다. 그 해답을 위해 조주스님의 개에게 불성이 있느냐?는 물음에 한 수좌에게는 있다하고 다른 수좌에게는 없다고 했는데 그 이유가 무엇이냐고 묻는 것과 같은 이유가 됩니다. 여기에서 '왜 그렇게 말씀하셨을까?'하는 의문이 생기는데 그것을 붙잡고 늘어져서 의심덩어리로 뭉쳐져야 한다는 것입니다. 이것이 단순 의문에서 의심덩어리로 묶어지는 것이 가능할까? 아무래도 어렵습니다. 오히려 우주에 별이 몇 개일까?, 우주가 어떻게 만들어 졌는가를 살피는 것이 더 집중도를 높일 수 있지 않을까 싶습니다. 결국 '이 뭣고?'는 나를 이렇게 끌고 다니고 움직이게 이끄는 이 놈이 누구고 그 일체를 알아내야지만 풀어가는 것인데 이것이 산술적인 해법이 아니라 지혜로서 알아차리게 되는 것입니다. 그렇기에 언어와 논리가 끊어진 자리에 있는 답입니다.

시공간을 무너뜨리는 순간, 참선의 문을 열다

그러면 이제 어떤 절차로 수행해야 할까요?

기본적인 것만 살펴봅니다.

① 집안에서 참선 할 장소를 정해 주변을 깨끗이 치우고 좌복을 깐 다음 반가부좌나 결가부좌로 앉는다.

② 허리는 곧게 펴고 시선은 전방 1~1.5미터 앞에 두고 편안하게 호흡한다.

– 수식관도 좋고 곧바로 화두를 들고 참구해도 좋다.

③ 혀를 말아 입천장에 붙이는 것이나 수인 등은 초심자에게 큰 의미가 없으므로 자세는 뒤에 잡더라도 화두에 몰입하는 것을 최우선으로 두고 집중하는 것이 중요하다.

화두를 드는 방법은 처음부터 막연하게 '이 뭣고?' 하고 앉아 있는 것이 아니라 '이 자리에 앉아 수행하는 나는 무엇인가?'하고 생각을 내면 그 순간에 수많은 망상이 따라 옵니다. 그 때 망상을 따라 가다가도 다시 알아차려 망상이 일어나지 못하도록 '망상이 일어나게 하는 이것, 이 뭣고?'하고 되돌리는 것입니다. 이 순간을 절대 놓치지 말아야 합니다.

이때 중요한 것은 망상이 일어났다는 것을 알아차리는 것이요 의식이 망상을 따라감을 인식하지 못하는 것을 경계하여 합니다. 허나 이것을 알아차리는 것도 쉬운 일이 아닙니다. 망상이 일어났다고 하는 것을 알아차릴 정도면 이미 망상이 끌려가지 않을 정도의 힘이 생긴 것입니다. 이 단계에 이르며 참선 자세나 공간 등에 구애 받지 않고도 삼매에 들 수 있습니다. 성불하시기 바랍니다.

* 참선의 마음가짐과 주의사항 3요소

〈표 30〉 참선의 핵심요소와 주의 사항

구분	내용	비 고
참선삼요 (三要)	대신근(大信根)	부처님의 가르침을 크게 믿음
	대의정(大疑情)	화두에 대한 몰입과 강한 의심
	대분지(大憤志)	공부가 더딤에 분한 생각
좌선주의 3요소	조신(調身)	참선몸자세를 바르게 하는 것. - 흑산귀굴(黑山鬼窟) 경계
	조식(調息)	참선시의 호흡을 고르게 하는 것 - 수식관(數息觀)
	조심(調心)	화두드는 방법 - 마장(魔障)경계
수행자세	출격대장부 (出格大丈夫)	백척간두진일보(百尺竿頭進一步)의 대장부기상과 사자같은 용맹심
	성성적적 (惺惺寂寂)	혼침(昏沈)과 산란(散亂)을 다스려 순일, 순숙하게 공부
	간절함	일심, 일념으로 정진
	흑산귀굴 (黑山鬼窟)	눈을 반드시 떠야 한다. 눈감고 참선 하는 자를 흑산귀굴(黑山鬼窟)
	경안(輕安)과 마장(魔障)	온몸이 환희심에 젖거나 신비스런 경계-마장으로 큰스님 지도필요
다리자세와 수인	반가부좌 (半跏趺坐)	왼쪽발을 오른쪽발 밑에두고 오른쪽 발을 왼쪽허벅다리 위에 둠
	결가부좌 (結跏趺坐)	오른쪽발 왼쪽허벅다리 위에, 왼쪽 발을 오른쪽허벅다리 위두는 항마좌(降魔坐),반대 길상좌(吉祥坐)
	선정인 (禪定印)	왼쪽손바닥 위에 오른손 손바닥 겹쳐 놓고 양쪽엄지를 맞댐
대표적 수행법	수식관(數息觀)	호흡을 관찰하며 공부
	부정관(不淨觀)	육신의 더러움자작으로 애욕 조절
	경행법(經行法)	졸음오면 일어나 차수하고 걸음

*선종사(禪宗史) – 삼처전심(三處傳心)

〈표 31〉 참선의 3처 전심

전법과정	내용
영산회상거염화 (靈山會上擧拈華)	부처님께서 가섭존자에게 말없이 연꽃 한송이를 들어 보이심. 이때 가섭만 미소지음
다자탑전분반좌 (多子塔前分半座)	부처님께서 다자탑 앞에서 설법하실 때 늦게 도착한 가섭에게 자리의 반을 내어주심
사라쌍수하곽시쌍부 (沙羅雙樹下槨示雙趺)	부처님께서 열반에 드신 후 늦게 도착한 가섭에게 관밖으로 두발을 내어 보임

* 전등(傳燈)의 역사

〈표 32〉 불법전등 역사

순서	스님	특징	비고
부처님–〉마하가섭–〉아난–〉...중략...–〉반야다라(27대) –〉보리달마(28대, 중국선종의 초조)			
1조	달마	소림사 9년면벽, 양무제와 법거량	안심법문, 관심론, 혈맥론, 이입사행론
2조	혜가	입설단비(立雪斷臂 혜가단비, 단비구법)	달마와 안심문답. 달마가 〈능가경〉 전수.
3조	승찬	어릴 적 대풍질 앓아 적두찬(赤豆璨) 별명	〈신심명〉 저술.
4조	도신	14세에 승찬의 언하(言下)에 변오(便悟)	500대중 선림(禪林)이룸
5조	홍인	7세에 도신에게 사사. 수행후 心印을 얻음	'동산법문(東山法門)'유명.
6조	혜능	응무소주 이생기심을 듣고 발심. 홍인 제자	조계산에 선풍(禪風)날림

스승이 제자에게 절을 올리다 -신찬선사

중국 복주(福州) 고령사(古靈寺)에 신찬(神贊)선사가 있었다. 그는 고향땅 대중사(大中寺)에서 머물다가 어느 날 운수행각(雲水行脚)을 하던 중에 백장선사(百丈禪師)의 회상에서 공부를 하여 깨달음을 얻었다. 다시 출가한 스승이 계신 고령사를 찾아서 머물게 되었다. 하루는 스승인 계현화상(戒賢和尙)이 목욕을 하기 위해 신찬에게 목욕물을 데우라고 명을 하였다.

스승 계현은 목욕물이 데워지자 신찬 상좌에게 등을 좀 밀어 줄 것을 말하자 신찬이 등을 밀면서 하는 말이

"법당은 좋은데 부처가 영험하지 못 하구나"하였다.

(好好法堂 佛無靈驗).

그러자 계현 스승이 뒤를 획 돌아봤다. 신찬이 다시 말하기를 "부처가 비록 영험이 없으나 능히 방광을 하는구나."하였다.

(佛無靈驗 也能放光)

스승이 상좌 신천의 말뜻을 알아듣지 못하였다.

하루는 스승이 창문을 앞에 두고 경서(經書)를 보고 있는데 상좌 신찬이 다가 왔다. 그때 벌 한 마리가 날아와 밖을 나가지 못하고 창문에 부딪혀 윙윙거리는 것을 보고는 말했다.

열린 문으로 나가려 하지 않고 空門不肯出

봉창을 두드리니 참으로 어리석다 投窓也大痴

백 년 동안 경책을 들여다 본들 百年鑽古紙

어느 날에 나갈 수 있겠는가 何日出頭日

　스승은 그 뜻을 바로 알아 차렸다. 지난 며칠 전 목욕을 할 때에 상좌에게 들은 소리도 그냥 넘길 말이 아니었는데 이번에 또 이런 소리를 들으니 이놈이 진정 무얼 알고 말하는 것인지 한번 물어봐야겠다는 생각으로 그간 고령사를 떠난 10여 년 동안의 행적을 물었다.

　상좌인 신찬이 답하였다.

　"백장(百丈)선사 문하에 들어가 불법의 요지를 깨달아 돌아와 보니 스승께서는 참 공부에는 뜻이 없고 문자에만 집착을 하고 있어 감히 상좌로서 스승에 대한 도리는 아니지만 스승을 위한답시고 등을 밀 때나 경책을 볼 때 빗대어 말씀 드린 것을 용서를 구한다"고 했다.

　스승 계현이 말했다.

　"오 기특하구나. 네가 비록 나의 제자이나 공부로는 네가 나의 스승이다. 나에게 백장선사를 대신하여 법을 설하라"하고는 계현은 종을 쳐서 그의 상좌들에게 법상을 준비하게 하고 법상에 앉아있는 상좌 신찬에게 모두 예를 갖춰 삼배(三拜)를 올리게 하였다.

　신찬이 설법(說法)하기를

신령스러운 빛이 홀로 들어나니 六根六塵 벗어났도다

본체에 진상이 들어나고 문자에 걸리지 않으니

심성에 물듦이 없고 본래 스스로 원만하게 이루어졌다

다만 망연만 여원다면 곧 여여한 부처인 것을

靈光獨靈 迴脫根塵

體露眞常 不拘文字

心性無染 本自圓成

但離妄緣 卽如如佛

스승인 계현화상이 이 법문을 듣고 말하길

"알 수 없는 일이다. 내가 본래 듣기에는 부처님은 오직 한분이다 했는데 이제 깨닫고 보니 마음을 가진 이는 모두가 부처로다"하면서 상좌인 신찬선사에게 큰 절을 올리려 하였다.

이에 상좌인 신찬이 법상에서 내려와 말하기를

"이는 세상의 예의에 어긋납니다. 안됩니다. 스님께서 정히 그러신 다면 서쪽에 있는 백장산을 향해 절을 하셔서 백장을 스승으로 모신다 면 같은 문하로서 다름이 있겠습니까?"

하니 은사는 그 말에 따라 멀리 백장을 향해 절을 하였다.

그럭저럭 세월이 흘러 신찬선사가 학자들을 거느리기 10여년 만에 열반이 임박해지자 머리를 깎고 목욕을 하고 향 피우고 종을 울리게 하고는 대중들에게 말하길

"그대들은 '소리 없는 삼매'(無聲三昧)를 아느냐?"

대중이 대답하기를

"모릅니다. 스님께서 가르쳐 주십시오."하니 신찬선사가 말하길

"그대를 조용히 생각하고 고요히 생각하며 또 자세히 듣고 자세히 들으라."하고는

말없이 단정히 앉아 고요한 열반에 들었다.

〈 출처 : 선문염송설화 〉

* 조사선 확립: 혜능아래 남악회양과 청원행사의 두 갈래

〈표 33〉 조사선맥

선사	주요법문	비고
마조도일	평상심이 도	제자 백장, 남전, 사당, 대주, 대매, 방거사 등
백장회해	일일부작 일일불식	백장청규, 총림(叢林)
황벽희운	백장으로부터 마조의 할을 듣고 그 자리에서 깨달음	'전심법요'와 '완릉록' 임제종의 종주
임제의현	무위진인(無位眞人), 살불살조 (殺佛殺祖), 수처작주(隨處作主)	〈임제록〉 선어록의 왕
조주스님	조주고불, 무자화두, 뜰 앞의 잣나무, 청주의 베옷, 진주의 무, 끽다거(喫茶去), 구자무불성(狗子無佛性)의 무자화두	문원의 〈조주록〉
운문문언	일자관(一字關), 운문호떡, 운문일곡(一曲), 마른똥막대기, '날마다 좋은 날(日日是好日)	운문종 개조
천태지의	제법실상의 삼제원융, 일심삼관, 일년삼천. 지관(止觀)수행	천태종 개조
현수법장	측천무후의 청으로 화엄경 강설	'화엄경탐현기', '화엄오교장' 망진환원관, 유심법계기, 기신론의기
구마라집	인도스님, 중국의 역경승	경율론 74부 380여권 한역
현장스님	당의 인도 유학승. 역경승	유가론, 인명론, 구사론 등 75부 1335권 한역
한산스님	한산시 대가. 300여수가 전함	중국 선시의 효시

木魚(목어)가 내는 소리

옛날 어느 절에 덕이 높은 스님이 4명의 제자들을 가르치면서 살고 있었다. 대부분의 제자들은 가르침에 따라 힘써 도를 닦았으나 유독 한 제자만이 스승의 가르침을 어기고 제멋대로 굴었다. 술을 마시거나 거짓말을 하고 심지어는 작은 미물들을 죽이는 등 계율을 어기기를 주저하지 않았다. 스님은 방탕한 제자를 불러 간절히 타일렀다.

"불법은 인과가 엄하니 계율을 지켜 부지런히 수행하거라. 그렇지 않으면 나쁜 과보를 받을 것이다. 부처님께서도 늘 게으르지 말고 부지런히 정진하라고 하지 않았더냐. 계율을 어겼으니 어찌 과보가 무겁지 않겠느냐." 하지만 제자는 들은 척도 하지 않았다.

그러던 그가 살이 썩어가는 몹쓸 병에 걸려 갑자기 죽어 물고기로 태어났다. 등에는 커다란 나무가 솟아난 물고기가 되어 헤엄치기가 힘들고 물결이 칠 때마다 나무가 흔들려서 살이 찢기는 고통을 계속 받아야만 했다. 어느날 스님 꿈에 제자가 나타나 자신의 잘못을 뉘우치며 고통에 벗어나게 해달라고 애원했다. 스님은 불쌍한 제자를 위해 말해 주었다.

"과보는 피할수 없단다. 하지만 이제 그 정도 고통을 받았으면 됐다. 너를 위해 천도재를 지내 주도록 하마"

다음날 스승이 배를 타고 강을 건너는데 등에 커다란 나무가 솟은 물고기가 나타나 뱃전에 머리를 들이대고 슬피 우는 것이었다. 스승이 깊은 선정(禪定)에 들어 물고기가 방탕한 생활을 일삼다가 일찍 죽은 과거의 제자임을 확인하였다.

스님은 너무나 가여운 마음에 고통에 처한 제자를 위하여 수륙재(水陸齋)를 베풀어 제자를 물고기의 몸으로부터 벗어나게 해 주었다. 그날 밤 스승의 꿈에 물고기의 몸을 벗은 제자가 나타났다.

"스님, 고통을 덜어 주셔서 감사드립니다. 다음 생에서는 참다운 발심을 하여 꼭 정진하겠습니다. 그리고 부탁이 하나 있습니다. 제 등에 났던 나무로 물고기 형상을 만들어서 막대로 쳐서 다른 사람들에게 경종이 되도록 해 주시기 바랍니다. 그리하게 되면 수행하는 사람들이 교훈으로 삼아 열심히 공부할 것입니다. 또 강이나 바다에 사는 생물들이 그 소리를 듣고 해탈할 수 있는 좋은 인연이 될 것입니다."

스승은 제자의 부탁을 들어 주었다. 물고기 모양을 한 목어를 만들어 법당 옆에 걸어두고 하루에 한번 씩 쳐서 중생들의 경각심을 불러일으키게 하였다.

〈 출처 : 조계종, 인터넷 〉

* 수행의 4념처와 5력

〈표 34〉 4념처와 5력

구분		내용
4념처	신념처(身念處)	몸은 부정하다고 관한다
	수념처(受念處)	수(受)가 고통이라는 것을 관한다
	심념처(心念處)	마음이란 무상(無常)한 것임을 관한다
	법념처(法念處)	모든 법이 무아(無我)라는 것을 관한다
5력	신력(信力)	불법을 믿고 다른 법을 믿지 않는 힘
	진력(進力)	수행에만 정진하는 힘
	염력(念力)	수행에만 전념하는 힘
	정력(定力)	선정을 닦아 산란한 생각을 제거하는 힘
	혜력(慧力)	지혜를 닦아 어리석은 생각 제거하는 힘

* 온처계설(蘊處界說) : 오온, 십이처, 십팔계

〈표 35〉 온처계설

구분		내용
5온 (五蘊)	색(色)	몸을 구성하는 '지수화풍(地水火風)' '사대(四大)'
	수(受)	외부 자극에서 감각 등 받아들이는 작용
	상(想)	대상을 인식하는 표상작용
	행(行)	스스로 의지에 의해 적극적 활동하는 작용
	식(識)	판단이나 추리에 의한 식별작용, 마음
육근 (六根)		안(眼), 이(耳), 비(鼻), 설(舌), 신(身), 의(意)
육경 (六境)		색(色), 성(聲), 향(香), 미(味), 촉(觸), 법(法)
육식 (六識)		안식(眼識), 이식(耳識), 비식(鼻識), 설식(舌識), 신식(身識), 의식(意識)

악마도 지옥을 두려워한다

악마의 왕 파순이 몸을 작게 해서 목련존자의 뱃속에 뛰어 들었다.

"신통 제일, 목련의 뱃속이 따뜻하군."

마왕 파순은 목련존자의 뱃속에 살면서 존자를 괴롭힐 궁리를 했다. 뱃속을 휘저으면 존자는 배가 아파서 못 견디게 될 것이다. 악마로서는 매우 유쾌한 일이었다. 목련존자는 갑자기 배가 무거워진 것을 느꼈다. 신통력으로 뱃속을 들여다보니 악마의 왕이 눈알을 말똥거리며 쪼그리고 있었다.

"마왕 파순아, 도로 나오너라. 부처님 제자를 희롱하면 벌 받는다."

목련은 마왕에게 조용히 타일렀다.

'존자는 내가 여기 있는 줄 어떻게 알았을까? 신통제일이라더니 역시 다르군. 들켰으니 나가지 않을 수 없네.'

악마의 왕은 존자의 입으로 나와 팔짝 땅으로 뛰어 내렸다. 목련 존자는 파순에게 말했다.

"악마야, 파순아. 너는 오래 전부터 스님들을 괴롭혀 왔다. 너의 전생의 전생에도 그러했다. 이야기해 주랴?" 이야기를 시작했다.

"여러 겁 전, 크라쿳찬다 부처님시대에 비루라는 존자가 있었다. 비루존자는 몸에서 나는 향기로 일천 세계를 가득 채울 수 있는 거룩한 분이었지. 어느 날 거룩한 존자가 생각을 끊고 선정에 들었단다. 양치는 사람과 나무꾼들이 존자가 숨이 멎은 것으로 알고 다비를 치르기로 했지. 마른 풀, 마른 나무, 마른 쇠똥을 그 위에 쌓고 불을 질렀단다. 파순아, 너는 그때에도 나쁜 일만 골라하는 악마의 왕이었단다."

"저 스님을 해칠 좋은 기회다. 불 속에서 뜨겁다는 생각을 하거나 숨이 막힌다는 생각을 한 순간이라도 한다면 그 틈을 노려서 스님의 몸을 아주 태워버리자."

"너는 존자의 목숨을 없애겠다며 손뼉을 치며 좋아했지. 그러나 비루존자는 이튿날 아침 삼매에서 가볍게 일어나 성 안으로 밥을 빌러 나섰단다. 누더기 옷자락 하나에도 불 자국이 나지 않았지. 이로부터 존자에게는 '살야'라는 이름이 하나가 더 붙어 '비루 살야 존자'로 불리게 되었단다. '살야'는 '다시 살아났다'는 뜻이었지.

파순아 너는 그 뒤에도 존자의 마음을 움직이게 하려고 거짓 바라문의 모습을 하고 비루살야 존자를 가까이해 보았지만 존자의 마음을 움직이지는 못하였지. 마지막으로 악마의 왕 너는 힘센 장사로 몸을 바꾸어 큰 몽둥이를 들고 길가에 섰다가 크라쿳찬다 부처님 뒤를 따르는 비루살야 존자의 머리를 내리쳐 큰 상처를 내고 피를 흘리게 했단다."

"아야. 소리를 내거나 '머리가 깨어졌군'하는 생각을 하면 그 틈을 노려서 존자의 생명을 빼앗을 생각이었지. 그러나 비루살야 존자는 머리가 깨지고 피가 흐르는 데도 마음이 움직이지 않았단다.

크라쿳찬다 부처님이 끔찍한 이 광경을 보시고 말씀하셨지."

"마왕 파순이 또 죄를 짓는구나!"

"부처님 말씀이 끝나기도 전에 파순이 너는 아비지옥으로 떨어졌단다. 죄가 없어질 때까지 몇 천 년 지옥 고통을 받았지."

악마의 왕 파순은 이야기를 듣다가 그만 달아나고 말았다. 또 지옥에 떨어질까 봐 겁이 났었다.

〈출처: 아함부 불설 마요란경〉

경허스님 참선곡

▶ 당대의 최고 선지식이셨던 경허스님께서 후학들을 위해 알기쉽고 절박하게 공부하는 방법을 상세히 써 놓으셨습니다. 왜 참선공부를 하여야 하며 어떻게 하여야 하는지, 하지 않으면 어떻게 되는지 등 명문장으로 남겨주셨습니다. 말씀하신 것처럼 책상 위에 펼쳐 놓고 자주 읽으며 부지런히 공부하시어 성불하시기 바랍니다.

〈그림 17. 경허스님 존영〉

홀연(忽然)히 생각하니 도시몽중(都是夢中)이로다
천만고(千萬古) 영웅호걸(英雄豪傑) 북망산(北邙山) 무덤이요
부귀(富貴) 문장(文章) 쓸데없다 황천객(黃泉客)을 면(免)할소냐
오호(嗚呼)라 이내 몸이 풀끝에 이슬이요 바람 속에 등불이라
삼계대사(三界大師) 부처님이 정녕(叮嚀)히 이르사대
마음깨쳐 성불(成佛)하여 생사윤회(生死(輪廻) 영단(永斷)하고

불생불멸 저 국토에 상락아정(常樂我淨) 무위도(無爲道)를
사람마다 다 할 줄로 팔만장교(八萬藏敎) 유전(遺傳)이라
사람 되어 못 닦으면 다시 공부 어려우니 나도 어서 닦아보세
닦는 길을 말하려면 허다(許多)히 많건마는 대강(大綱) 추려 적어보세

앉고 서고 보고 듣고 착의끽반(着衣喫飯) 대인접화(對人接話)
일체처(一切處) 일체시(一切時)에 소소영영(昭昭靈靈) 지각(知覺)하는
이것이 무엇인고
몸뚱이는 송장이요 망상번뇌(妄想煩惱) 본공(本空)하고
천진면목(天眞面目) 나의 부처, 보고 듣고 앉고 눕고 잠도 자고 일도
하고
눈 한번 깜짝할제 천리만리 다녀오고 허다(許多)한 신통묘용
분명(分明)한 이내 마음 어떻게 생겼는고?

의심(疑心)하고 의심(疑心)하되 고양이가 쥐 잡듯이
주린 사람 밥 찾듯이 목마른 이 물 찾듯이
육칠십(六七十) 늙은 과부(寡婦) 외자식(子息)을 잃은 후에
자식(子息) 생각 간절하듯 생각 생각 잊지 말고
깊이 궁구(窮究)하여 가되 일념만년(一念萬年) 되게 하여
폐침망찬(廢寢忘饌)할 지경(地境)에 대오(大悟)하기 가깝도다

홀연(忽然)히 깨달으면
본래(本來) 생긴 나의 부처 천진면목(天眞面目)절묘(絶妙)하다

아미타불(阿彌陀佛) 이 아니며 석가여래(釋迦如來) 이 아닌가
젊도 않고 늙도 않고 크도 않고 작도 않고
본래(本來) 생긴 자기영광(自己靈光) 개천개지(蓋天蓋地) 이러하고
열반진락(涅槃眞樂) 가이없다. 지옥천당(地獄天堂) 본공(本空)하고
생사윤회(生死輪回) 본래(本來) 없다

선지식(善知識)을 찾아가서 요연(了然)히 인가(印可) 맞아
다시 의심(疑心) 없앤 후에 세상만사(世上萬事) 망각(忘却)하고
수연방광(隨緣放曠) 지내가되 빈 배같이 떠놀면서
유연중생(有緣衆生) 제도하면 보불은덕(報佛恩德) 이 아닌가?

일체계행 지켜 가면 천상인간(天上人間) 복수(福壽)하고
대원력(大願力)을 발(發)하여서 항수불학(恒隨佛學) 생각하고
동체대비(同體大悲) 마음먹어 빈병걸인(貧病乞人) 괄세말고
오온색신(五蘊色身) 생각하되 거품같이 관(觀)을 하고
바깥으로 역순경계(逆順境界) 몽중(夢中)으로 관찰(觀察)하여
희로심(喜怒心)을 내지 말고
허령(虛靈)한 이내 마음 허공과 같은 줄로 진실히 생각하여
팔풍오욕(八風五慾) 일체경계 부동(不動)한 이 마음을
태산같이 써 나가세

헛튼 소리 우시개로 이 날 저 날 다 보내고
늙는 줄을 망각(忘却)하니 무슨 공부 하여 볼까

죽을 제 고통 중에 후회한들 무엇 하리

사지백절(四肢百節) 오려내고 머릿골을 쪼개는 듯

오장육부(五臟六腑) 타는 중에 앞길이 캄캄하니

한심참혹(寒心慘酷) 내 노릇이 이럴 줄을 누가 알꼬

저 지옥과 저 축생(畜生)에 나의 신세(身世) 참혹(慘酷)하다

백천만겁(百千萬劫) 차타(蹉跎)하여 다시 인신 망연(茫然)하다

참선(參禪) 잘한 저 도인(道人)은

앉아 죽고 서서 죽고 앓도 않고 선탈(蟬脫)하며

오래 살고 곧 죽기를 마음대로 자재(自在)하며

항하사수(恒河沙數) 신통묘용(神通妙用) 임의쾌락(任意快樂) 소요(逍遙)하니

아무쪼록 이 세상에 눈코를 쥐어뜯고 부지런히 하여 보세

오늘 내일 가는 것이 죽을 날에 당도하니

푸줏간에 가는 소가 자욱자욱 사지(死地)로세

예전 사람 참선할 제 잠깐(寸陰)을 아꼈거늘 나는 어이 방일(放逸)하며

예전 사람 참선할 제 잠 오는 것 성화하여 송곳으로 찔렀거늘

나는 어이 방일하며

예전 사람 참선할 제 하루해가 가게 되면 다리 뻗고 울었거늘

나는 어이 방일한고

무명업식(無明業識) 독한 술에 혼혼불각(昏昏不覺) 지내다니

오호(嗚呼)라 슬프도다.

타일러도 아니 듣고 꾸짖어도 조심(操心) 않고 심상(尋常)히 지내가니
혼미(昏迷)한 이 마음을 어이하야 인도(引導)할꼬
쓸데없는 탐심진심(貪心嗔心) 공연(空然)히 일으키고
쓸데없는 허다분별(許多分別) 날마다 분요(紛擾)하니
우습도다 나의 지혜 누구를 한탄(恨歎) 할꼬
지각(知覺)없는 저 나비가 불빛을 탐(貪)하여서 제 죽을 줄 모르도다.
내 마음을 못 닦으면 여간계행(如干戒行) 소분복덕(小分福德)
도무지 허사로세
오호라 한심(寒心)하다

이 글을 자세(仔細) 보아
하루에도 열두 때며 밤으로도 조금자고 부지런히 공부하소!
이 노래를 깊이 믿어 책상 위에 펼쳐 놓고 시시(時時) 때때 경책(警策)
하소
할 말을 다하려면 해묵서이부진(海墨書而不盡)이라 이만 적고 끝내오
니 부디부디 깊이 아소 다시 할 말 있사오니 돌장승이 아이 나면 그때
에 말 할 테요.
* 삼계(三界) : 욕계, 색계, 무색계. 이를 초월하신분 석가모니불

〈표 36〉 삼계의 의미

구분	의미	세부 구성
욕계 (欲界)	오욕 등 욕망으로 가득찬 세계.	하늘. 인간. 수라. 축생. 아귀. 지옥 육도(욕계 6천).
색계 (色界)	욕망은 끊었으나, 미묘한 형체가 남아 있는 세계	사선(四禪). 18천
무색계 (無色界)	육체가 없이 정신적 요소만 있는 세계	4천 공무변처. 식무변처. 무소유처. 비상비비상처

* 사생(四生) : 태.난.습.화(胎.卵.濕.化)로 태어나는 것. ① 태(胎):
인간 등 ② 난(卵): 닭, 오리 등③ 습(濕): 모기, 파리 등

* 유심설(唯心說): 일체유심조(一切唯心造) 즉, 모든 것은 마음에서
만들어진다는 사상.

글자 속에 숨은 삼매 현전

사경이란 의미는 부처님께서 말씀하신 경전을 보거나 외워서 쓰는 것을 말합니다. 소위 베껴 쓰는 것이 어떻게 수행이 될까 생각할 수 있습니다. 실제 경전을 보고 한자씩 정성을 다해 쓰다보면 집중도가 떨어져 글자를 틀리거나 빼먹기도 하고 한자(漢字)는 부수와 획수가 서로 섞이기도 합니다. 그러니 고도로 집중을 하고 정성을 들여서 써나가야 합니다. 게다가 경전 글자 하나하나의 의미까지 되새기면서 해야 하니 절대 쉬운 일이 아닙니다.

제 경우에는 아침에 반야심경과 법성계를 사경하는데만도 대략 1시간30분 정도 소요됩니다. 이 시간은 일체의 망상과 번뇌가 없이 오로지 사경하는 것에만 집중됩니다. 몸은 탈진할 정도로 체력 소모가 많고 망상이 거의 없어 삼매에 들어간 수준입니다. 그러니 조사스님들께서 강조하였다는 생각이 듭니다.

무엇을 쓰면서 수행하는가?

그러면 무엇을 어떻게 사경 하는 것일까? 사경대상과 쓰는 법은 책자로 많이 나와 있습니다. 반야심경, 금강경, 지장경은 물론 아미타경 등 불교서적 판매하는 곳에 비치되어 있습니다. 초등학생 국어 글자 연습용 빈 노트를 문구 할인점에서 구입해 활용하는 법도 있습니다.

필기도구는 가능하면 붓으로 쓰기를 권합니다. 만년필이나 볼펜, 연필은 글자를 한 자씩 쓸 때 집중도가 훨씬 떨어집니다. 붓은 할인점에서 그림용 붓 세트 중 소형을 사서 쓰면 됩니다. 붓글씨를 연습해 보신 분은 서예용 붓을 이용하셔도 됩니다. 서도용 먹물은 한통사면 6개월 이상 쓸 수 있습니다. 사경하려는 경전은 집에 있는 것을 사용하였으면 구입하여 쓰면 됩니다. 예를 들어 천수경을 사경한다면 처음부터 끝까지 매일 주어진 시간에 반복적으로 하는 것입니다. 그런데 천수경의 내용을 잘모르고 무조건 쓴다면 지루하고 집중도도 덜합니다. 우선은 경전의 내용을 숙지하고 한 글자씩 써 나가야 수행의 깊이를 더해 줍니다. 초심자가 시작한다면 우선 반야심경 사경을 권합니다. 경전의 의미를 이해하고 난 뒤 한자(漢字)나 한글 반야심경을 매일 써 보시기 바랍니다. 과거에는 사경할 때 1자1배나 1자3배 방식으로 한 글자를 쓰고 절을 했다고 합니다. 정성을 다하고 부처님에 대한 공경하는 마음으로 수행을 한 것입니다. 시간적 제약이 있는 경우는 예불문을 낭송하고 곧바로 사경을 하여도 무방합니다. 다만 꼭 의식을 진행 후 사경을 하는 것이 좋습니다.

경전은 부처님의 다른 모습, 예와 성을 다하라

사경은 경전을 베껴쓴다는 의미입니다. 경전은 곧 부처님의가르침이니 불법승 삼보에 해당합니다. 따라서 사경은 부처님을 마주 대하고 있다는 마음가짐을 갖고 시작하는 것이 타당합니다. 그러니 사경 전, 사경 중, 사경 후 처리에 이르는 과정을 엄중하고 경건하게 해야 하는 것입니다.

먼저 사경 전에 준비할 사항입니다.
① 사경하는 장소, 공간을 깨끗이 치우고 단정하게 정리 정돈합니다. 책상에서 한다면 가능한 사경하는 것 외에는 모두 치우도록 합니다.
② 사경하려는 경전, 노트, 붓, 먹물을 준비합니다. 먹물은 조금씩 나누어 쓰기 위한 작은 그릇을 별도 마련합니다. 사경하다가 붓을 내려 놓을 받침도 준비합니다. 약간의 휴지를 준비해 두어 작성 중에 먹물이 책상 위에 흘리면 사용합니다.
③ 복장은 간편하되 흐트러짐이 없도록 갖추어 입습니다.
④ 사경 준비가 다 되면 나지막이 예불문 첫부분 낭송합니다.
　- 정구업진언
　- 오방내외안위제신진언
　- 개경계까지만 합니다.
사경을 하면서 점검할 사항입니다.
⑤ 사경을 할 때에는 경건하고 신중한 마음으로 한 글자씩 정성을

다해 씁니다. 경전에 있는 글자가 모두 부처님의 가르침이므로 한 글
자 한 글자 의미를 새겨가며 씁니다.

⑥ 붓에 먹물을 충분히 적셔 가능한 천천히 정확하고 또박또박 본래
의 의미를 생각하며 씁니다. 망상이 일지 않도록 꾸준하고 일정하게
써나가는 것이 중요합니다.

⑦ 쓰는 도중에 오탈자가 나오지 않도록 집중해야 합니다. 글자를
잘못 쓰거나 획이나 부수를 빠뜨리게 되면 그곳은 표시를 해두고 옆
칸에 다시 정확히 쓰도록 합니다.

⑧ 쓰기를 다 마치면 한번 조용히 뜻을 음미하며 낭송하고 회향을
합니다. "사경의 공덕으로 우주삼라만상의 모든 유형, 무형의 중생들
이 궁극에 이르러 해탈하길 기원합니다."

⑨ 사경이 끝나면 날짜를 기록하고 깨끗한 곳에 모아둡니다.

⑩ 모아둔 사경집은 쓰레기로 버리거나 하지 않도록 주의하고 일정
기간 모아서 재적사찰에 가지고 가 부처님 전에 회향하고 소각하도록
합니다.

금강경이 칼을 대신 받다

당나라 거부 중에 충주절도사 최상서가 법령을 어긴 병사를 불러다 칼로 쳐서 죽였다. 그런데 밤늦게 깨어 그 사람이 집으로 돌아왔다. 부인이 놀라면서 말했다.

"어떻게 살아 왔습니까?"

"처음 칼에 맞을 때 술에 취한것 같고 꿈을 꾸는것 같아서 아무 고통도 모르다가 잠이 깨어보니 몸이 거리에 뒹굴고 있는지라 정신을 차려 집에 돌아 왔습니다."

날이 밝기를 기다렸다가 최상서를 찾아가서 어제 법령을 지키지 못한 것을 사과하였다. 최상서는 놀라 눈이 휘둥글 해 가지고 말했다.

"너는 귀신이 아니냐? 무슨 술법이 있어 살아왔는가?"

"아무런 술법도 없습니다. 다만 어려서부터 매일 금강경 3번 씩 읽은 일이 있습니다."

"그럼 칼로 베일 때 아프지 않던가?"

"처음 문 밖으로 압송할 때 정신이 술 취한 것 같았습니다. 도무지 기억이 나지 않습니다."

"경은 어느 곳에 있는가? 급히 가져와 보라."

그 사람은 곧 집에 돌아가 경이 든 함을 가지고 왔다. 최상서와 함께 열어보니 경이 두 갈래로 갈라져 있었다. 최상서는 깜짝 놀라며 참회하고 은으로 경 백권을 써서 모든 관리에게 나누어 주고 모두 읽게 하였다. 그리고 충주 연수사 문밖에 칼에 찢어진 경을 붙여놓고 누구든지 이 경을 보고 군장과 같은 영험을 입도록 하라고 말했다.

〈출처 : 삼국유사 〉

*불교경전 및 불교사

〈 표 37, 핵심 불교경전 〉

경전	원제목	요지
금강경	금강반야바라밀경 (金剛般若波羅密經)	· 지혜로 일체번뇌 소멸 · 무주상보시 실천 강조 · 응무소주 이생기심(應無所住 以生其心)이 유명
반야심경	마하반야바라밀다심경 (摩訶般若波羅蜜多心經)'	600권 대반야경 정수를 270자로 압축, 관세음보살이 사리자에게 공 설명
천수경	천수천안관자재보살광대원 만무애대비심대다라니경(千手千眼觀自在菩薩廣大圓 滿無崖大悲心大陀羅尼經)	천개 손과 눈을 가지신 관세음보살이 넓고 크고 걸림없는 대자비심을 간직한 큰 다라니 설법
화엄경	대방광불화엄경 (大方廣佛華嚴經)	중중무진 법계연기를 설한 대승경전의 꽃
법화경	묘법연화경(妙法蓮華經)	일승(一乘)불교사상 핵심 천태종 소의경전
열반경	〈소승열반경〉 〈대승열반경〉	입멸전 라자그라하에서 쿠기나가라까지 행적
원각경		부처님의 원만한 깨달음을 설한 경전
능엄경		수도과정 50마장(魔障)에 대해 식별하여 퇴치 방법
능가경	달마가 혜가에게 전수	유식도리 이해 실천 선가의 소의경전

유마경	재가신도가 설한 경	재가중심 대승보살사상 同體大悲 보살도
승만경	재가여인인 승만부인이 설	모든중생 부처종자가 있다는 여래장(如來藏)사상
아미타경		극락세계의 장엄함 설명
지장경	지장보살본원경	모든 중생을 제도하기전에 성불하지 않겠다
대일경	밀교의 근본 경전	대일여래 비로자나불이 체험한 성불의 경지
부모은중경		부모의 십종대은 설명.

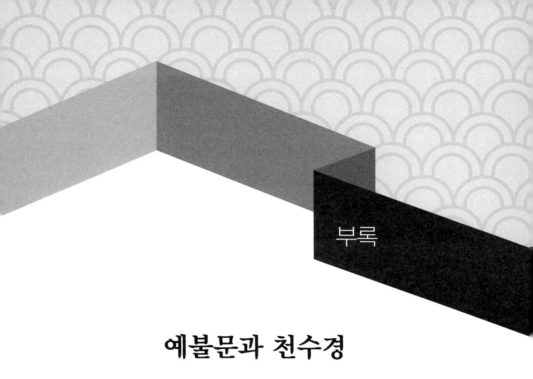

예불문과 천수경

1. 예불문(禮佛文)

예불문은 아침, 저녁이나 기도 시에 부처님 앞에서 의식을 진행하는 절차서입니다. 정해진 시간에 순서에 따라 부처님께 향을 피워 공양하고 불법승 삼보에게 귀의하는 의식을 행합니다. 부처님 당시로부터 현재에 이르기까지 석가모니부처님과 수많은 부처님 그리고 중국의 달마스님으로부터 이어 온 맥을 지극한 마음으로 의지하며 따르겠다는 서약입니다. 4대 보살님과 10대 제자 16대, 5백 성인과 독각, 1200 아라한들께도 귀의하고 수행하겠다는 다짐을 합니다. 삼국시대부터 지금의 대한민국까지 불교를 전해준 수많은 조사 스님들과 선지식들께도 감사의 마음을 표하며 승가에 귀의함을 서약합니다. 마지막으로 오로지 삼보님께 바라기를 모든 중생들이 일시에 함께 성불하기를 서원하는 것으로 마무리 합니다. 이것은 장엄한 한편의 서사시입니다.

법우님들께서는 정해진 시간에 매일 예불을 진행하시면 신심도 고양되고 예법에 맞는 수행을 할 수 있습니다.

*오분향례(五分香禮)
향을 피우고 합장을 한 다음 순서대로 낭송합니다.

계향 정향 혜향 해탈향 해탈지견향
(戒香 定香 慧香 解脫香 解脫知見香)
광명운대 주변법계 공양시방 무량불법승
(光明雲臺 周邊法界 供養十方 無量佛法僧)

헌향진언 (獻香眞言) 옴 바아라 도비야 훔 (세 번)

지심귀명례 삼계도사 사생자부 시아본사 석가모니불

(至心歸命禮 三界導師 四生慈父 是我本師 釋迦牟尼佛)

지심귀명례 시방삼세 제망찰해 상주일체 불타야중

(至心歸命禮 十方三世 帝網刹海 常住一切 佛他耶衆)

지심귀명례 시방삼세 제망찰해 상주일체 달마야중

(至心歸命禮 十方三世 帝網刹海 常住一切 達磨耶衆)

지심귀명례 대지문수사리보살 대행보현보살 대비관세음보살 대원본존
지장보살 마하살

(至心歸命禮 大智文殊舍利菩薩 大行普賢菩薩 大悲觀世音菩薩 大願本
尊地藏菩薩 摩訶薩

지심귀명례 영산당시 수불부촉 십대제자 십육성 오백성 독수성 내지 천
이백 제대아라한 무량자비성중

(至心歸命禮 靈山當時 受佛咐囑 十大弟子 十六聖 五百聖 獨修聖 乃至
千二百 諸大阿羅漢 無量慈悲聖衆)

지심귀명례 서건동진 급아해동 역대전등 제대조사 천하종사
일체미진수 제대선지식

(至心歸命禮 西乾東振及我海東 歷代傳燈諸大祖師 天下宗師
一切微塵數 諸大善知識)

지심귀명례 시방삼세 제망찰해 상주일체 승가야중

(至心歸命禮 十方三世 帝網刹海 常住一切 僧伽耶衆)

유원 무진삼보 대자대비 수아정례 명훈가피력 원공법계제중생 자타일시 성불도(唯願 無盡三寶 大慈大悲 受我頂禮 冥熏加被力 願共法界諸衆生 自他一時 成佛道)

* 반야심경(般若心經)

부처님의 가르침의 핵심 정수를 요약한 것으로 오분향례가 끝나고 난 뒤 신중단을 향해 합장하고 서서 의미를 생각하며 낭송합니다. 한문으로 쓰여진 반야심경은 불자들의 이해를 돕기 위해 댓구형식으로 마음 본체를 반복해서 설명하고 있습니다.

〈摩訶般若波羅蜜多心經〉
마하반야바라밀다심경

觀自在菩薩 行深般若波羅密多時 照見五蘊皆空 度一切苦厄
관자재보살 행심반야바라밀다시 조견오온개공 도일체고액
舍利子 色不異空 空不異色 色卽是空 空卽是色 受想行識 亦復如是
사리자 색불이공 공불이색 색즉시공 공즉시색 수상행식 역부여시
舍利子 是諸法空相 不生不滅 不垢不淨 不增不減
사리자 시제법공상 불생불멸 불구부정 부증불감
是故 空中無色 無受想行識 無眼耳鼻舌身意 無色聲香味觸法
시고 공중무색 무수상행식 무안이비설신의 무색성향미촉법
無眼界 乃至 無意識界 無無明 亦無無明盡 乃至 無老死 亦無老死盡

무안계 내지 무의식계 무무명 역무무명진 내지 무노사 역무노사진

無苦集滅道 無智 亦無得 以無所得故 菩提薩埵 依般若波羅密多故

무고집멸도 무지 역무득 이무소득고 보리살타 의반야바라밀다고

心無可碍 無可碍故 無有恐怖 遠離顚倒夢想 究竟涅槃

심무가애 무가애고 무유공포 원리전도몽상 구경열반

三世諸佛依般若波羅密多 故得阿耨多羅三藐三菩提

삼세제불의반야바라밀다 고득아뇩다라삼먁삼보리

故知般若波羅密多 是大神呪 是大明呪 是無上呪 是無等等呪

고지반야바라밀다 시대신주 시대명주 시무상주 시무등등주

能除一切苦 眞實不虛 故說般若波羅密多呪 卽說呪曰

능제일체고 진실불허 고설반야바라밀다주 즉설주왈

揭諦揭諦 波羅揭諦 波羅僧揭諦 菩提 娑婆訶 (3번)

2. 천수경(千手經)

수행법

예불이 끝나고 나면 대개 천수경을 낭송합니다. 천수경은 관세음보살님의 위신력에 힘입어 깨달음을 얻고자 하는 의지가 담겨 있습니다. 특히 신묘장구 대다라니는 천수경의 요체라고 할 만큼 출가자나 재가자 모두 중히 여깁니다. 가능한 암기하여 낭송하는 것이 좋겠습니다.

천수경은 예불후 좌복 위에 앉아 목탁과 함께 운율에 따라 낭송을 하는데 집에서 하는 경우에는 목탁 없이도 가능합니다. 매일 기상하자마자, 취침 전 1독을 하되 그 뜻을 제대로 숙지하여야 합니다.

淨口業眞言(정구업진언)

수리 수리 마하수리 수수리- 사바하 (3번)

五方內外安慰諸神眞言(오방내외안위제신진언)

나무 사만다 못다남 옴 도로도로 지미 사바하(3번)

開經偈(개경게)

無上甚深微妙法 百千萬劫難遭隅 我今聞見得修持 願解如來眞實義

무상심심미묘법 백천만겁난조우 아금문견득수지 원해여래진실의

開法藏眞言(개법장진언) 옴 아라남 아라다(3번)

千手千眼觀自在菩薩 廣大圓滿無碍大悲心大陀羅尼 啓請

천수천안관자재보살 광대원만무애대비심대다라니 계청

稽首觀音大悲呪 願力弘深相好身 千臂莊嚴普護持 千眼光明便觀照

계수관음대비주 원력홍심상호신 천비장엄보호지 천안광명변관조

眞實語中宣密語 無爲心內起悲心 速令滿足諸希求 永使滅除諸罪業

진실어중선밀어 무위심내기비심 속령만족제희구 영사멸제제죄업

天龍衆聖同慈護 百千三昧頓薰修 受持身是光明幢 受持心是神通藏

천룡중성동자화 백천삼매돈훈수 수지신시광명당 수지심시신통장

洗滌塵勞願濟海 超證菩提方便門 我今稱誦誓歸依 所願從心悉圓滿

세척진로원제해 초증보리방편문 아금칭송서귀의 소원종심실원만

南無大悲觀世音 願我速知一切法 南無大悲觀世音 願我早得智慧眼

나무대비관세음 원아속지일체법 나무대비관세음 원아조득지혜안

南無大悲觀世音 願我速度一切衆 南無大悲觀世音 願我早得善方便

나무대비관세음 원아속도일체중 나무대비관세음 원아조득선방편

南無大悲觀世音 願我速乘般若船 南無大悲觀世音 願我早得越苦海

나무대비관세음 원아속승반야선 나무대비관세음 원아조득월고해

南無大悲觀世音 願我速得戒足道 南無大悲觀世音 願我早登圓寂山

나무대비관세음 원아속득계족도 나무대비관세음 원아조등원적산

南無大悲觀世音 願我速會無爲舍 南無大悲觀世音 願我早同法性身

나무대비관세음 원아속회무위사 나무대비관세음 원아조동법성신

我若向刀山 刀山自催折 我若向火湯 火湯自消滅

아약향도산 도산자최절 아약향화탕 화탕자소멸

我若向地獄 地獄自枯渴 我若向我歸 我歸自飽滿
아약향지옥 지옥자고갈 아약향아귀 아귀자포만
我若向修羅 惡心自調伏 我若向蓄生 自得大智慧
아약향수라 악심자조복 아약향축생 자득대지혜

南無觀世音菩薩摩訶薩 南無大勢至菩薩摩訶薩
나무관세음보살마하살 나무대세지보살마하살
南無千手菩薩摩訶薩 南無如意輪菩薩摩訶薩
나무천수보살마하살 나무여의륜보살마하살
南無大輪菩薩摩訶薩 南無觀自在菩薩摩訶薩
나무대륜보살마하살 나무관자재보살마하살
南無正趣菩薩摩訶薩 南無滿月菩薩摩訶薩
나무정취보살마하살 나무만월보살마하살
南無水月菩薩摩訶薩 南無軍茶利菩薩摩訶薩
나무수월보살마하살 나무군다리보살마하살
南無十一面菩薩摩訶薩 南無諸大菩薩摩訶薩
나무십일면보살마하살 나무제대보살마하살
南無本師阿彌陀佛 나무본사아미타불(3번)

*神妙章句大陀羅尼(신묘장구대다라니)

나모라 다나다라 야야 나막알약 바로기제 새바라야 모지사다바야 마하사다바야 마하가로 니가야 옴 살바 바예수 다라나 가라야 다사명 나막 까리다바 이맘알야 바로기제 새바라 다바 니라간타 나막하리나야 마발다 이사미 살발타 사다남 수반아예염 살바 보다남 바바말야 미수다감 다냐타 옴 아로계 아로가 마지로가 지가란제 혜혜하례 마하모지 사다바 사마라 사마라 하리나야 구로구로 갈마 사다야 사다야 도로도로 미연제 마하미연제다라다라 다린나례 새바라 자라자라 마라미마라 아마라 몰제예혜혜 로계새바라 라아 미사미 나사야 나베사미사미 나사야 모하자라 미사미 나사야 호로호로 마라호로 하례바나마 나바사라사라 시리시리 소로소로 못쟈못쟈 모다야 모다야 매다라야 니라간타 가마사 날사남 바라 하라나야 마낙사바하 싯다야 사바하 마하싯다야 사바하 싯다유예 새바라야 사바하 니라간타야 사바하 바라하 목카싱하 목카야 사바하 바나마 하따야 사바하 자가라욕다야 사바하 상카섭나네 모다나야 사바하 마하라 구타다라야 사바하 바마사간타 이사시체다 가릿나이나야 사바하 먀가라 잘마이바 사나야 사바하

나모라 다나다라 야야나막알야 바로기제 새바라야 사바하(3번)

※ 밑줄은 평시 1번 낭송 후 기도 시 마지막 회만 3회 반복한다.

四方讚(사방찬)

一灑東方潔道場 二灑南方得淸凉 三灑西方俱淨土 四灑北方永安康

일쇄동방결도량 이쇄남방득청량 삼쇄서방구정토 사쇄북방영안강

道場讚(도량찬)

道場淸淨無瑕穢 三寶天龍降此地 我今持誦妙眞言 願賜慈悲密加護

도량청정무하예 삼보천룡강차지 아금지송묘진언 원사자비밀가호

懺悔偈(참회게)

我昔所造諸惡業 皆有無始貪瞋癡 從身口意之所生 一切我今皆懺悔

아석소조제악업 개유무시탐진치 종신구의지소생 일체아금개참회

懺除業障十二尊佛(참제업장십이존불)

南無懺除業障寶勝藏佛 寶光王火簾照佛 一切香華自在力王佛

나무참제업장보승장불 보광왕화렴조불 일체향화자재력왕불

百億恒河沙決定佛 振威德佛 金綱堅强消伏壞散佛

백억항하사결정불 진위덕불 금강견강소복괴산불

寶光月殿妙音尊王佛 歡喜藏摩尼寶積佛 無盡香勝王佛

보광월전묘음존왕불 환희장마니보적불 무진향승왕불

獅子月佛 歡喜莊嚴珠王佛 帝寶幢摩尼勝光佛

사자월불 환희장엄주왕불 제보당마니승광불

十惡懺悔(십악참회)

殺生重罪今日懺悔 偸盜重罪今日懺悔 邪行衆罪今日懺悔

살생중죄금일참회 투도중죄금일참회 사행중죄금일참회

妄語衆罪今日懺悔 綺語衆罪今日懺悔 兩舌衆罪今日懺悔

망어중죄금일참회 기어중죄금일참회 양설중죄금일참회

惡口衆罪今日懺悔 貪愛衆罪今日懺悔 瞋碍衆罪今日懺悔

악구중죄금일참회 탐애중죄금일참회 진애중죄금일참회

癡暗衆罪今日懺悔

치암중죄금일참회

百劫積集罪 一念頓蕩除 如火焚枯草 滅盡無有餘

백겁적집죄 일념돈탕제 여화분고초 멸진무유여

罪無自性從心起 心若滅是罪亦忘 罪忘心滅兩俱空

죄무자성종심기 심약멸시죄역망 죄망심멸양구공

是卽名爲眞懺悔 시즉명위진참회

懺悔眞言(참회진언)

옴-살바 못자모지 사다야- 사바하(3번)

准提功德聚 寂靜心常誦 一切諸大難 無能侵是人

준제공덕취 적정심상송 일체제대난 무능침시인

天上及人間 受福如佛等 遇此如意珠 定獲無等等

천상급인간 수복여불등 우차여의주 정획무등등

南無七俱肢佛母大准提菩薩

나무칠구지불모대준제보살(3번)

淨法界眞言(정법계진언)

옴 남(3번)

護身眞言 (호신진언)
옴 치림(3번)

觀世音菩薩本心微妙六字大明王眞言
(관세음보살본심미묘육자대명왕진언)

수행법

여섯 글자를 의식적으로 한자씩 명확히 떠올리며 입으로 크게 소리내어 반복해서 외웁니다. 염염상속, 끊어지지 않게 무척 빠르게 외우며 10분, 20분, 30분, 1시간, 1일, 7주·야 등 반복합니다.

※ 이 진언은 이름 그대로 관세음보살님의 본 마음(本心)을 미묘한 6글자로 만든 아주 크고 밝은 최고의 진언을 뜻하므로 늘 수지 독송하면 지혜를 증득하고 자비심이 생겨납니다.

옴마니반메훔(3번)
准提眞言(준제진언)
나무사다남 삼막 삼못다 구치남 다냐타 옴 자례주례 준제 사바하 부림
(3번)
我今持誦大准提 卽發菩提廣大願 願我定慧速圓明
아금지송대준제 즉발보리광대원 원아정혜속원명
願我功德皆成就 願我勝福遍莊嚴 願共衆生成佛道
원아공덕개성취 원아승복변장엄 원공중생성불도
如來十大發願文(여래십대발원문)

願我永離三惡道 願我速斷貪瞋癡 願我常聞佛法僧
원아영리삼악도 원아속단탐진치 원아상문불법승
願我勤修戒定慧 願我恒修諸佛學 願我不退菩提心
원아근수계정혜 원아항수제불학 원아불퇴보리심
願我決定生安養 願我速見阿彌陀 願我分身遍塵刹
원아결정생안양 원아속견아미타 원아분신변진찰
願我廣度諸衆生 원아광도제중생

發四弘誓願(발사홍서원)
衆生無遍誓願度 煩惱無盡誓願斷 法門無量誓願學 佛度無上誓願成
중생무변서원도 번뇌무진서원단 법문무량서원학 불도무상서원성
自性衆生誓願度 自性煩惱誓願斷 自性法門誓願學 自性佛道誓願成
자성중생서원도 자성번뇌서원단 자성법문서원학 자성불도서원성

發願已 歸命禮三寶(발원이 귀명례삼보)
南無常住十方佛 나무상주시방불
南無常住十方法 나무상주시방법
南無常住十方僧 나무상주시방승(3번)

3. 정근(精勤)

수행법

　정근(精勤)은 '쉬지 않고 부지런히 힘쓴다'는 의미로 보통 불보살님의 명호를 간절하게 부르며 기도하는 것을 말한다. 시시각각으로 망상이 일어나 불안정한 마음을 불보살님의 명호를 일심으로 부르면 염불삼매에 들 수 있습니다. 정근을 하면 의식이 맑아지고 밝아져 환희심이 일어 납니다. 불보살님께 성불하게 해달라고 비는 것이 아니라는 뜻입니다. 정근은 여건이 되는대로 10분, 30분, 1시간 등 집중적으로 수행합니다.

① 석가모니불 정근

나무 영산 불멸 학수쌍존 시아본사

석가모니불(계속 반복)

천상천하 무여불 시방세계 역무비

세간 소유 아진견 일체무유 여불자 (반배)

〈참회게〉

원멸사생육도법계유정 다겁생래죄업장 아금참회 계수례

원제죄장실소제 세세상행보살도

〈회향게〉

원이차공덕 보급어일체 아등여중생 당생극락국 동견무량수

개공성불도

② 아미타불 정근

나무 서방정토 극락 극락세계 무량수 여래불

나무아미타불(계속반복)

아미타불 본심미묘 진언 (다냐타 옴 아리다리 사바하) 세번

계수서방 안락찰

접인중생 대도사

아금발원 원왕생

유원자비 애섭수 고아 일심 귀명정례(반배)

③ 관세음보살 정근

나무 보문시현 원력홍심 대자대비 구고구난

관세음보살(계속 반복)

관세음보살 멸업장진언 (옴 아로륵계 사바하) 세번

구족신통력 광수시방편 시방제국토 무찰불현신

고아일심 귀명정례(반배)

④ 지장보살 정근

나무 남방 화주 대원본존

지장보살(계속반복)

지장보살 멸정업진언(옴 바라마리다니사바하) 세번

지장대성 위신력 항하사겁 설란진

견문첨례 일념간 이익인천 무량사

고아일심 귀명정례(반배)

⑤ 화엄성중 정근

나무 금강 회상

화엄성중(계속 반복)

화엄성중 혜감명 사주인사 일념처

애민중생 여적자 고아일심 귀명정례(반배)

4. 찬불가

〈출처 : 조계종〉

삼 귀 의

♩ = 68

이광수 글
이찬우 곡

거룩한 부 - 처님께 귀의합니다

거룩한 가 - 르침에 귀의합니다

거룩한 스 - 님들께 귀의합니다

우리도 부처님 같이

맹석분 글
이달철 곡

1. 어 둠은 한-순 간 그 대로가빛이라 네
2. 원 망은 한-순 간 모 든것이은혜라 네

바 른생각바른 말 바 른- 행 동이 무 명을거-두
지 족하는마- 음 감사 하 는마 음이 나 누는기-쁨

고 우 주를밝 히 는 이 제는가 슴 깊 이
을 맛 볼수있 - 는 이 제는여 - 히 이

깨 달을수 있 다 네 정 진 하 세 정진 하 - 세 물러남이없는정-
깨 달을수 있 다 네

진 우 리 도 부-처-님 같이 우 리도부처님같이

보현행원

정운문 글
정민섭 곡

내 이제 두손 — 모아 청하옵나 — 니
내 이제 엎드 — 려서 원하옵나 — 니

시방세계 부처 — 님 우주대 — 광 — 명
영겁토록 열 반 — 에 들지맙 — 시 — 고

두눈어둔 이 내 몸 굽어살 피 — 사
이세상의 중 생 을 굽어살 피 — 사

위 — 없는 대 법 — 문을 널리여 — 소 — 서
삼 계 화 택 심 한 — 고난 구원하 — 소 — 서

허 공 계 와 중 생 — 계 가 다 할 때 까 — 지

오 늘 — 세 운 이 서 — 원 은 끝 없 아 — 오 — 리

청 법 가

이광수 글
이찬우 곡

덕높-으신 스-승님 사 자-좌에

오 르사- 사자-후를 합-소서

감로-법을 주-소서 옛 인연을

이 어서 새 인연을 맺-도록

대자-비를 베-푸사 법을-설하 옵-소서

사 홍 서 원

최영철 곡
서창업 편곡

중 생 을 다 건 지 오 리 다

번 뇌 를 다 끊 으 오 리 다

법 문 을 다 배 우 오 리 다

불 도 를 다 이 루 오 리 다

산 회 가

정운문 글
정민섭 곡

몸 은 비 - 록   이 자 리에서   헤어 - 지지   만

마 음 - 은   언 제 라 도   떠 나 - 자 마   세

거 룩 하 신   부 처 님을   항 상 모 시 - - 고

오 늘 배 - 운   높 은법문   깊 이 - 세 겨   서

다 음 날 -   반 가 웁 게   한 맘 한 뜻 으   로

부 처 님 의   성 전 - 에   다 시 만 나 -   세

후기

　이 수행 길잡이는 일반인과 재가 불자들의 수행정진에 조금이나마 도움이 되고자 하는 뜻에서 정리하였습니다. 이 책자의 대부분은 그동안 수행해 오면서 경험하고 체득한 내용을 바탕으로 하였고 교리와 관련된 내용은 조계종과 인터넷에서 자료를 취합하여 종합하였습니다. 따라서 법우님들이 부처님의 가르침을 이해하고 실천하는데 유용하리라 믿습니다.

　'천리 길도 한걸음부터' 라는 말처럼 수행은 끊임없이 실천하는데 의미가 있습니다. 전생부터 공부를 해왔던 상근기라 하더라도 알기만하고 실행하지 않으면 아무소용이 없을 것입니다. 반대로 하근기라 하더라도 매일매일 쉬지 않고 정진하면 현생은 물론이요 다음 생에 반드시 깨달음을 얻게 될 것입니다. 이것은 부처님의 진실한 가르침입니다.

　이 길잡이의 완성을 위해 음양으로 성원해 주고 도반으로서 함께 수행에 동참해 준 대승심보살과 원고의 편집과 제작에 조언을 해주신 도서출판 산다 최대표님, 동남기획 윤대표님, 한종심님께도 깊은 감사의 말씀을 드립니다. 특히 전력인불자연합회 법우님의 법보시 공덕 찬탄과 더불어 세세생생 큰 복을 누리시고 함께 불보살님의 가피 늘 함께하시길 기원 드립니다.

2019. 己亥 立春 玄道 합장

책 제목과 선구(禪句) 해설

제목 '대붕大鵬은 홰를 치고 장닭은 만리萬里를 난다'는 사실 '장닭은 홰를 치고 대붕은 만리를 난다'를 거꾸로 표현한 것입니다.

대붕은 장자 소요유편에 나오는 큰 새로 한 번 날개 짓에 만리를 가는데 장닭은 홰나 치며 푸드득 거리기만 한다면 조주스님의 무자화두無字話頭를 그르친 것이 됩니다.

우리 중생들은 웃는 것도 나요 화를 내는 것도 난데 어느 것이 참모습인가하고 물으면 망설이다가 '둘 다'라고 합니다. 이것이 정답이 아니란 것을 잘 아실 것입니다

白衣觀音無說說 백의관음무설설
南巡童子無聞聞 남순동자불문문
瓶上綠楊三際夏 병상녹양삼제하
巖前翠竹十方春 암전취죽시방춘

위 선구의 첫째, 둘째 구절에서 보면 관세음보살께서는 중생을 제도키 위해 수 많은 법을 설하셨는데 정작 말씀하신 바가 없다 하고, 시봉하는 남순동자는 늘 관세보살님 옆에서 법문을 들었을 터인데 하나도 들은바가 없다고 합니다. 이때 혜능스님의 견처에 눈을 돌려야 합니다. 만일 잘 이해가 안된다면 세번째 구절인 화병에 꽂힌 버드나무는 과거현재미래에 계속 푸른데, 바윗돌 앞의 푸른 대나무는 봄이 한창이라고 가르켜 주고 있습니다.

이만하면 뜬 눈이 다시 떠져야하지 않을까요?

저자가 공부한 문헌과 참고 인터넷 주소

1. 천수경, 묘봉스님, 현암사. 2008. 7
2. 법구경, 오쇼라즈니쉬, 손인규, 태일출판사. 2000. 8
3. 능엄경, 김두재, 민족사. 1997. 3
4. 법화경, 이탄허, 동국대학교. 1996. 1
5. 새아함경 1,2,3, 이연숙, 인간사랑. 1992. 3
6. 원각경 보안보살장, 해인사 고려대장경 연구원
7. 법망경 강설, 석암스님, 불광출판사. 2012. 5
8. 보현행원품, 성철, 해인총림. 1993. 7
9. 법화경표요품강의, 김현해, 민족사. 1996. 8
10. 피안의 향훈, 정천, 선문출판사. 1991.10
11. 참선요결, 허운화상.
12. 성철스님 화두참선법, 원택스님, 김영사. 2014. 1
13. 참선공부법, 청화스님, 상상출판. 2017. 9
14. 경허, 일지, 민족사. 2012.7
15. 기도, 일타, 효림. 2016.7
16. 윤회와 인과응보이야기, 일타, 효림. 1995.10
17. 인연, 정찬주, 작가정신. 2008. 4.
18. 불교의 수행법과 나의 체험, 우룡, 효림. 2011. 1
19. 불자의 행복과 수행, 월하, 영축총림 통도사 1998.10
20. 육바라밀다, 정각, 초롱. 1999. 2
21. 선가귀감, 선산대사, 선문송간행회. 1997.4
22. 산중산책, 옹산, 우리출판사. 2001.5
23. 철벽을 부수고 벽안을 열다, 한암, 현대불교신문사. 2011.7
24. 한국 컨텐츠진흥원 문화컨텐츠 닷컴(KOCCA)
   ① 유리태자와 석가족의 멸망 : 불본집행경
   http://www.culturecontent.com/content/
   contentView.do?search_div_id=CP_
   THE004&cp_code=cp0433&index_
   id=cp04330467&content_
   id=cp043304670001&search_left_menu=2
   ② 화주시주 상봉 : 한국 사찰전서
   http://www.culturecontent.com/content/
   contentView.do?search_div_id=CP_
   THE004&cp_code=cp0433&index_
   id=cp04330620&content_

   id=cp043306200001
   ③ 노힐부득과 달달박박의 깨달음 : 삼국유사
   http://www.culturecontent.com/
   content/contentView.do?search_
   div=CP_THE&search_div_id=CP_
   THE004&cp_code=cp0433&index_
   id=cp04330831&content_
   id=cp043308310001&search_left_menu=
   ④ 금강경이 칼을 대신 받다 : 금강영험록
   http://www.culturecontent.com/
   content/contentView.do?search_
   div=CP_THE&search_div_id=CP_
   THE004&cp_code=cp0433&index_
   id=cp04331165&content_
   id=cp043311650001&search_left_menu=2
25. 청나라 순치황제 출가시 : 법보신문 선지식의 향훈 2005.10.25
   http://www.beopbo.com/news/articleView.
   html?idxno=38529
26. 선광공주 이야기 자기 복에 산다—한국불교신문 2011. 3.11
   http://www.kbulgyonews.com/news/
   articleView.html?idxno=3602
27. 수월스님 천수주력 불교수행법과 나의 체험, 김현, 효림출판. 2004. 2.20
28. 나옹선사와 누님의 깨달음 : 진해 대광사 자경스님 지혜의 말씀 불기 2559년 8월 통권414호
   http://daegwangsa.or.kr/
   jihye/2018/201807.pdf
29. 스승이 제자에게 절을 올리다 신찬선사 광륵사 홈페이지
   http://www.ekayana.or.kr/kwangrukji/
   kwangrukji_view.html?no=26
30. 영천목탁,
   http://ycwoodart.co.kr/자유게시판/
   read?uid=828585
31. 천수 · 금강경, 무비스님, 도서출판 창, 2011.11

대붕大鵬은 홰를 치고 장닭은 만리萬里를 난다

공학박사가 체험으로 쓴 불교 수행 길잡이

초 판 발 행   2019년 7월 22일

지 은 이   황우현

펴 낸 이   최예지

펴 낸 곳   도서출판 **산다**
출 판 등 록   2017년 1월 7일 제307-2017-1호
주   소   서울시 성북구 동소문로 26마길 8 플로라의 뜨락 403호
전   화   02 925 9413
팩 시 밀 리   0502 925 9413
전 자 우 편   sanda001@naver.com

디자인·인쇄   동남기획

ISBN 979-11-966122-3-8
값 12,000원

이 도서의 국립중앙도서관 출판예정도서목록(CIP)은 서지정보유통지원시스템 홈페이지
(http://seoji.nl.go.kr)와 국가자료종합목록 구축시스템(http://kolis-net.nl.go.kr)
에서 이용하실 수 있습니다. (CIP제어번호 : CIP2019025577)